高校财务管理技术创新研究

索金龙　申　昉　著

北京工业大学出版社

图书在版编目（CIP）数据

高校财务管理技术创新研究 / 索金龙，申昉著. —
北京 ：北京工业大学出版社，2020.6（2021.5 重印）
ISBN 978-7-5639-7496-2

Ⅰ．①高… Ⅱ．①索… ②申… Ⅲ．①高等学校－财
务管理－研究 Ⅳ．① G647.5

中国版本图书馆 CIP 数据核字（2020）第 136354 号

高校财务管理技术创新研究

著　　者：索金龙　申　昉
责任编辑：吴秋明
封面设计：点墨轩阁
出版发行：北京工业大学出版社
　　　　　　（北京市朝阳区平乐园 100 号　邮编：100124）
　　　　　　010-67391722（传真）　bgdcbs@sina.com
经销单位：全国各地新华书店
承印单位：三河市明华印务有限公司
开　　本：710 毫米 ×1000 毫米　1/16
印　　张：7.75
字　　数：155 千字
版　　次：2020 年 6 月第 1 版
印　　次：2021 年 5 月第 2 次印刷
标准书号：ISBN 978-7-5639-7496-2
定　　价：58.00 元

前　言

在 21 世纪的今天，人们的观念要与时俱进。在互联网时代，要用互联网的思维方式，树立先进的信息化管理理念，才能提高工作效率。在会计核算现代化、自动化的背景下，要加快财务管理信息化建设；要用先进的现代信息技术来支撑会计核算和财务管理工作，融入信息化社会的大潮中。当然财务管理信息化建设不仅是财务部门的事，还应该是高校全校的大事，要得到校领导的大力支持才能更有效地实施。

现代信息技术的发展推动了高校财务管理信息化的进程。本书分析了目前高校财务管理信息化建设过程中存在的问题和不足，共有四章。第一章论述了现代信息技术与高校财务管理，第二章对云计算技术与高校财务管理进行了研究，第三章阐述了大数据技术与高校财务管理，第四章对区块链技术与高校财务管理进行了多维度的探索。

本书有两大特点值得一提。

第一，本书结构完整，逻辑性强，以高校财务管理技术创新研究为主线，对高校财务管理技术创新研究所涉及的领域进行了探索。

第二，本书理论与实践紧密结合，为高校财务管理技术创新研究提供了路径和方法，以便学习者加深对基本理论的理解。

笔者在撰写本书的过程中，借鉴了许多前人的研究成果，在此表示衷心的感谢。由于高校财务管理技术创新研究涉及范围比较广，需要探索的层面比较多，笔者在撰写时难免会存在一些不足，对相关问题的研究不透彻，提出的高校财务管理技术创新研究策略也有一定的局限性，恳请广大读者斧正。

目　录

第一章　现代信息技术与高校财务管理

第一节　现代信息技术与高校财务管理信息化

人类社会发展已进入第三次信息革命阶段，社会、经济、生活、工作、学习等各方面都发生了巨大的变化。早上坐公交车上班，扫个二维码，就知道所乘坐的公交车还有几站，是不是买个早点还来得及，有的主干道的公交车站台还有自助显示屏滚动显示；如果要出行，上携程网，一下搞定来回机票和目的地的住宿问题，不用担心到了目的地找不到满意的宾馆；上天猫或京东商城，鼠标点击几下就能买到您所满意的商品，无须去商场或超市排队购物、排队结账。生活节奏加快，也是因为信息技术的发展，把人们带到了信息时代。

随着全球信息化的深入推进，信息技术得到了很好的发展和广泛的应用，特别是互联网技术的发展，催生了一批基于互联网技术的新兴产业。云计算被认为是继个人计算机、互联网之后的第三大信息技术。这不仅是数据爆炸的时代，更是一个大数据爆发的时代。2012 年是云计算实践元年，2013 年是大数据元年，2014 年是物联网元年，个人计算机（PC）时代以计算机为中心，而到了网络时代则以软件为中心，云计算时代以服务为中心，物联网时代以应用为中心，最后大数据时代则以用户价值为中心。所以云计算、物联网、大数据成为互联网的三大核心技术。无处不在的网络、无处不在的应用、无所不能的服务正全面渗透到社会生活的各个领域。物联网、云计算、大数据走进高考阅卷现场，重庆市教育局运用物联网对阅卷现场进行全天监控；云计算对高考分数进行快速合成，以避免人为失误；大数据分析考生成绩，纠正异常信息。

一、财务管理信息化的必要性

经济环境瞬息万变，市场竞争更加激烈，高校财务管理必须运用先进的管理理念来实施科学化管理。随着第三次信息革命的到来，在经济全球化、生活数字化、计算机普及化、移动通信快速发展的背景下，信息传递、应用和共享是大势所趋。高校财务管理如何加强信息化建设以适应形势发展所需，以满足不同层次用户的需求，已成为高校工作的重点。高校财务管理信息化模式向传统管理模式提出了挑战，高校财务管理信息化建设成为必然趋势。

二、目前高校财务管理信息化存在的不足

（一）与世界先进国家信息化水平相比有差距

信息化的概念最早在 20 世纪 60 年代由日本学者提出来，在世界推进经济宏观信息化的环境下，"经济信息化""教育信息化""会计信息化"和"财务管理信息化"等概念应运而生。在工作中应用信息化，一些人可能仅仅停留在计算机的应用上。如工资发放系统模块、财务软件凭证录入模块、银行付款采用无现金方式等，这些都是会计核算的范畴，而财务管理信息化应属于财务管理范畴。

我国高校财务管理信息化的规模和程度均未达到一定的水平，与世界先进国家的高校财务管理信息化水平相比仍有差距。1993 年，美国政府在高等教育领域就正式提出国家信息基础设施计划，俗称"信息高速公路计划"，克莱蒙特大学教授格林在 1990 就提出了"校园信息化"概念；北京大学和香港大学在 2002 年共同启动一个国际性合作项目，即亚洲信息化校园调查（ACCS），来了解亚洲地区各国高校的信息化建设情况。计算机和网络通信技术的发展为高校构建"数字化校园"提供了技术支撑。高校的财务管理信息化建设应该从哪些方面来体现，对高校财务处内部工作而言，是如何规划业务流程，减少重复劳动，提高工作效率；对会计人员来说，想了解资金动态存量、会计核算流程、对外服务情况。领导在办公室，就能了解具体情况。不管是领导、财务处工作人员还是教职工，都能通过计算机或移动通信设备在财务处综合信息查询平台查询到相关信息。

（二）财务信息冗余

对会计相关信息要做出快速、及时、正确、全面的判断，并利用信息为领导决策、对外投资、筹集资金、资金调度等提供准确的依据。财务处大量信息堆积，没有被很好地利用起来，信息公开渠道不畅，信息了解存在不对称现象。比如，对于资金存量的信息，有关管理人员应该随时随地掌握单位的资金状况，

而不是银行存款信息由甲提供、财政资金信息由乙提供、银行贷款信息由丙提供，一项工作的完成要几个人来进行，工作效率就会降低，信息也失去了其时效性。信息社会是透明的社会，对财务处存在的大量信息要有效利用起来，能对外公布的要全部对外公布，财务处要主动利用财务信息和现代管理技术为教职员工服务，而不是被动地等待员工找上门来才去处理事情。此外，对于重要的信息要加强管理和应用。

（三）复合型人才短缺

我国高校会计人员大都是会计专业出身的，也有计算机专业、工商管理专业、工程管理专业的，这就导致会计人员专业素质良莠不齐。如今信息化发展飞快，高校会计人员中存在这样的现象：懂财务的不精通信息技术，懂信息技术的又不熟悉会计知识。现如今，既懂会计知识又精通相关信息技术的人才很少。我国高等教育人才培养计划尚未注重对这种复合型人才的培养，相对于时代的发展，高校的人才培养理念有点落伍了。因此，信息化时代复合型人才短缺严重。

（四）关于高校财务管理信息化的法律法规不完善

我国相继出台了一系列的法律法规来约束、规范会计工作，其中会计法律有 5 个，会计制度有 16 个，财务制度有 22 个，会计准则 19 个，内部会计控制制度有 2 个，会计核算方法 11 个，会计处理规定 35 个，执行《企业会计制度》有关问题的规定 6 个，其他会计制度 9 个。在信息化方面，各部门也出台了相关的法律法规，主要有《互联网文化管理暂行规定》（文化部令第 51 号，2011 年 2 月 17 日发布，2011 年 4 月 1 日施行）、《互联网等信息网络传播视听节目管理办法》（广电总局令第 39 号，2004 年 7 月 6 日公布，2004 年 10 月 11 日施行）。2000 年 11 月 6 日，国务院新闻办公室、信息产业部发布《互联网站从事登载新闻业务管理暂行规定》。2000 年 9 月国务院令第 291 号公布《中华人民共和国电信条例》。信息产业部令第 9 号《公用电信网间互联管理规定》（2001 年 5 月 10 日发布施行）。1994 年国务院令第 147 号《中华人民共和国计算机信息系统安全保护条例》（1994 年 2 月 18 日发布实施）。在"互联网""互联网＋""移动通信"方面政府也在大力推广中，只是相关法律法规涉及高校财务管理信息化运用方面有点滞后，只能参照执行财务、会计、信息化方面的法律法规。高校财务工作者必须遵守财务、会计、高校、信息化方面的法律法规。

（五）存在信息化安全隐患问题

信息化都是借助计算机和网络及相关财务软件来完成的。比如，要查询某部门个人的相关信息，其他相关部门的相关人员经过财务部门的授权就可以进行访问并调取相关信息，教务部门亦有权限进入财务信息系统查询或调阅相关信息。如此一来，统一信息库的相关信息，全校可能有好几个职能部门的人员经过授权可以进行访问。但是，不稳定的局域网、存在安全隐患的互联网、个别居心不良的不法分子及网络病毒或黑客，都威胁着高校财务管理的信息安全。杀毒软件再多、版本再高，总会存在漏洞，加之信息使用者不是信息方面的专家，软件操作不熟练，这都有可能导致计算机被攻击，故信息化安全尤为重要，在保证安全的前提下才能开展工作。

三、加强高校财务管理信息化建设的建议

（一）树立先进的信息化管理理念

在 21 世纪的今天，人们的观念要与时俱进。在互联网时代，要用互联网的思维方式，树立先进的信息化管理理念，才能提高工作效率。在原有会计核算现代化、自动化的背景下，加快财务管理信息化建设；要用先进的现代信息技术来支撑会计核算和财务管理工作，融入信息化社会的大潮中。当然财务管理信息化建设不仅仅是财务部门的事，应该是高校全校的大事，要得到校领导的大力支持才能更有效地实施。

（二）整合有效资源，实现高校内部信息化共享

高校财务管理信息化建设的最终目标是实现高校信息资源的有效配置和充分利用。因此，关键点不在财务部门，而在学校信息化管理部门，当然财务信息是其中最重要、最关键、最不易对外公开发布的。有关报销业务流程的规定、报销手续的规定、不同业务的办理流程和手续等规定，这些有关业务核算方面的信息均可以在网上查询。如果实现了网上预约报销，那么报销单据的填写和提交以及提交单据目前状态（审核、制单、复核、付款），只要输入相关关键信息，立刻可以查询到。这需要借助计算机、局域网、无线局域网等现代信息技术来完成。可以在全校范围内建立一个跨组织、跨部门的信息系统，把全校的相关基础信息（人事部门人员信息、教务部门任课教师和学生的相关信息、财务部门预算指标和项目使用进度信息、国有资产管理部门关于设备的相关信息）集中起来，实现无缝对接，使信息使用者（校领导、职能部门领导、项目

负责人、教师、学生和社会人员）凭借不同的身份享有相应的权限，对不同的信息享有不同的查询、采集权限，实现相关信息有效的、有目的的、随时随地的弹性分享，提高工作效率。实现了高校内部财务信息的共享，财务工作人员点击鼠标即可查询会计业务的状态，公开对外报销业务流程。教职工可以随时了解业务状态，增加对财务人员和财务工作的理解，以进一步进行有效沟通。

（三）合理配备信息化技术复合型人才

目前高校的财务人员存在年龄偏大的问题。从干部管理年轻化要求的角度来讲，干部越年轻越好，但是做财务工作则是越年长越有经验，年龄偏大有业务全面、基本功扎实的优势，也存在接受新兴专业知识方面不如年轻人思维敏捷的现象。因此，要树立终身学习的理念。掌握一门新的技术，对于财务管理知识过硬的财务人员来讲，不管年龄多大，关键是要有目标：高校财务管理信息化如何去做，从何处下手，涉及哪些部门，怎样去说服领导层，脑中要有基本思路和基本框架才有说服力。比如，要计划实行网上预约报销，首先，要进行政策宣传，以前报销差旅费都是到财务处办公室内，当面等待报销，浪费了很多时间。实行预约报销后，出差人员必须自己在财务处网页上找到业务界面，输入出差时间、地点、城市间交通费用、住宿费、市内公共交通费及出差事由等，并输入项目代码，确认后提交，获取一个内部条形码，根据此条形码进行下一个流程，不存在插队的情况，其他的就是财务处会计人员的工作了，不过当事人可以随时查询业务状态。其次，要在财务处内部进行整合，业务流程如何设定，对外服务窗口如何设置，既要考虑学校的资金规模，又要考虑人员的流水次数（一个人一周之内来报销几次），还要考虑财务处内部人员分工和岗位设置。最后，财务处的工作还涉及与外部银行的关系，是和一家银行合作，还是和几家银行合作，银行手续费如何结算。

在复合型人才不足的情况下，如何拥有一个团队也很重要：有会计人员、有专业技术人员、有管理人员，关键是要有目标、有流程，高校财务管理信息化建设还是可以实现的。当然如果拥有懂财务、懂会计、懂信息技术、懂管理、会协作，愿意付出的核心团队，更能加快高校财务管理信息化进程。

（四）完善信息化建设的制度体系

这有两个层面，即国家层面和高校层面。首先，国家要出台加强财务管理信息化的相关规定。例如，最高人民法院2016年8月3日出台规定，对网络司法拍卖的平台准入规则、运行模式、各主体之间的权责划分、具体竞拍规则进行了全面而系统的梳理和规范。其次，高校财务部门全面衡量信息化工作的基础信息要求与不同部门之间的信息化模块的对接问题。这里主要明确财务信息的要求，财务部门管理人员要全面考虑信息使用者的身份、使用权限、使用范围以及信息使用者应承担的法律责任，对财务内部人员要有详细的岗位职责和分工。信息发布范围和发布权限，信息维护权限和期限，在线解答的权力，信息发布、更新、维护、备份和恢复工作，电子档案资料的整理归档工作，这些工作最重要的是安全措施要到位。详细制定这些信息工作的条例、规章或制度，能使财务信息在得到高效利用的同时，还确保财务数据信息的安全。

（五）建立安全的财务信息化系统体系

在网络条件下构建高校财务管理信息化系统存在着安全隐患，这导致很多高校对财务管理信息化建设不够积极。当然在现实生活中，风险是无处不在的。对于高校财务信息化安全问题要注意以下几点：第一，要借助现代信息技术，加强对信息安全的重视程度；第二，要加强财务处内部安全隐患的预警和预防；第三，要设置专业防火墙，建立局域网和互联网之间的接口安全控制系统，对来自内部和外部的各种信息进行筛选、过滤，有选择地使用；第四，要对数据信息进行加密管理，防止内部信息任意传播到公共网络平台上，从专业角度考虑可以采用专业密钥法和公开密钥法来完成；第五，要和相关部门签订安全协议，主要有国际通用的安全套接字协议（SSL）、安全超文本传输协议（S-HTTP）和安全电子交易协议（SET）等，加强对网络病毒和黑客的防范，确保财务信息的安全有效使用。

随着信息技术的发展和普遍应用，高校财务管理信息化建设是大势所趋。高校的教师通过信息查询系统，可以在家里远程接入财务处综合信息平台，查询本月或本年的工资收入明细；可以通过财务信息查询系统直接联系到公积金查询系统，了解个人公积金缴存情况；可以查询本人科研项目的明细或具体项目的详细情况；项目负责人可以随时随地了解项目的状态、支出明细及余额情况。

学生可以在家里或在学校查询个人学费缴存情况，生源地助学贷款到款和发放情况，奖学金和助学金的具体发放情况，勤工助学酬金发放情况。学生家长也可以通过财务处综合信息平台了解该高校的地理位置、学校规模、专业设置、学费收费标准、住宿费标准，以及对贫困生有哪些帮困政策等信息，还可以在线留言或提出问题。

财务处的领导要及时了解学校的财务状况、资金存量，就可以进入财务处内部平台，查询关于国有资产状况、规模，一般设备和专用设备信息。一些非财务指标也可以一目了然，如某设备的品名、型号、规格、产地、购买时间、维保期间、维修历史记录、使用情况和性能情况等。

校领导（分管财务）要从战略高度宏观掌握高校的资金动态，实时了解高校的财务状况，银行贷款、银行存款、财政性资金使用情况，个别银行贷款规模或某一银行某笔贷款的详细资料（贷款期限、贷款利率、到期日期），及不同银行间的贷款利率对比。

通过财务管理信息化建设，能满足不同层次、不同身份、不同要求的信息使用者的不同需要，更好地为广大教职工提供信息化服务，全面提升财务处对外服务的质量，大大提高财务处会计的核算效率，为高校领导的战略管理提供财务信息依据。

第二节　现代信息技术背景下高校财务管理新模式的构建

近几年来，高等教育的不断发展对财务管理信息化提出了更高的要求。旧的管理模式已经无法适应当前的高校管理情况。这时学校的财务部门必须在以往财务管理模式的基础上，对财务管理的各方面进行深化改革。这不只是要求财务管理信息化的发展速度可以跟上学校与社会的发展速度，还要求财务管理具有发展的潜力，以实现高校财务管理的信息化发展。

一、现代信息技术背景下的财务管理相关概念

现代信息技术背景下的财务管理是指，在信息技术进步的条件下，各大高校能够依据及时性、综合性及以人为本的原则，运用电子信息技术，对所有业务实施计算核对、信息分析、绩效评价等操作，按照信息原理和信息技术对会计流程进行重新整理。这样能够把电子信息处理技术与财务管理技术恰当地结合起来，给各大高校的财务管理提供一个更好的平台。

现代信息化平台可以分为三种类型。第一，网络技术。网络技术最大的优点是可以将互联网上零散的各个有用信息有机地拼接成一个整体，实现资源共享，这样可以使用户更方便地使用网络信息资源。现代网络主要分为区域网、局域网和内部网，其最大优势是可以将信息快速传输，还可以共用有效信息资源。在现代高校财务管理中，最基本的工作就是创建可以共享信息资源的校园财务网站。第二，财务软件。财务软件是指专门为会计工作所设计的高科技应

用软件。当前的财务软件已经完善了有关会计核算流程，也增强了管理和信息分析方面的功能。大多数高校采用的财务软件属于商业软件，具有教职工工资津补贴发放、学生收费、会计核算和银行对账等基础功能。在教育改革的背景下，高校的经济管理也越来越追求精细化，对增收节支、绩效考核、控制成本费用等方面的需求也日益增加，所以高校财务软件创新是必不可少的。第三，数据库。数据库包含数据组织结构、存储和管理数据三部分。目前在数据管理方面最新的技术便是数据库，因此高校财务管理数据库在网络及财务软件的快速发展过程中越来越关键。在此背景下怎样能够更加合理地应用数据，更有效地将数据组织起来，更严格地对数据进行管理就显得尤为重要。但当前大部分高校采用电子信息技术，创建可以体现现状的财务管理系统，特别表现在创建数字化校园方面。现代信息化背景下的财务管理方式是全新的管理方式，其最大的优点是具有双重效益、节省成本、增加经济收益和提高学校会计信息质量等，可以有效地实现学校的财务管理目的。

二、现代信息技术对高校财务管理的促进作用

（一）提升高校财务管理效率

20 世纪 80 年代末 90 年代初，我国开始实行会计电算化，离开手工算账，伴随时代的进步，信息技术逐步融入会计领域并快速发展。财务信息化和会计电算化存在最大的区别就是，财务信息化不单单是为了核算的准确度、方便性，而是在新型电子和信息技术前提下，创建一种能和其他信息体系相互联系、面向大众服务、共同解决问题的智能化处理体系，继而慢慢提高财务工作的质量和工作效率。最具有代表性的例子是高校校园实施的"一卡通"，每一个学生只需要用自己的身份证明进行注册，注册完成之后就可以进行消费、货物交换与充值。"一卡通"有三个优势：第一，学生无论面对多复杂的缴费项目均可以使用"一卡通"来完成，学校财务部门只需要在后台结算窗口确认缴费金额就可以，有利于建设学校财务网络化管理体系；第二，"一卡通"通过学生身份注册登录，每个学生都有自己特有的个人银行账户，学生的学费就可以通过"一卡通"进行扣除；第三，学生也可以将自己的"一卡通"与银行卡绑定，就可以将银行卡中的钱自动转存到校园卡中。目前较为流行的"支付宝"手机缴费方式也已经在许多高校中得到应用，为学生提供了一个更方便的自助式财务服务途径。

（二）改变高校财务管理方式

高校以前使用的传统财务管理模式的不足主要表现为，重核算、轻管理。高校的快速发展，对高校财务管理也提出了更高的要求。最新的财务管理方式的创建离不开电子信息技术的发展和信息化平台的建设。若可以将财务管理与会计记账、复核等工作有机融合，就会提高会计核算的统一性和规范性，也能使财务管理实现控制数据和保障数据安全的目的。这样一来，财务管理和会计核算就得到了更好的发展。

（三）拓宽高校财务服务范围

现代信息技术已经运用在高校教育教学改革的各个方面。财务管理方面也因为现代信息技术的应用而扩大了工作范围。从财务网站的信息发布到财务数据的分析统计，均体现了高校财务"精细化、人性化"的服务管理目标。财务工作人员清楚地意识到学习信息化技术的必要性，从而提升财务服务的质量。同时，高校也可以促使财务工作人员把信息技术和平时的工作、生活联系在一起，使信息化实现跨领域发展。

（四）提升高校财务机构透明度

现代信息技术的不断发展和完善，使学校财务网站已可以实现财务信息的一站式服务，教职工可以登录财务网站查询包括财务机构设置、政策法规、财务数据等内容。2010 年，国家颁布了《高等学校信息公开办法》，并开始大范围实施，其中针对提升学校财务信息的透明度提出了更加严格的要求。而运用现代信息技术创建一个公开透明的财务网站，可以让广大师生都可以了解学校的财务状况，提升学校财务机构的透明度。

（五）加强对高校财务管理的监管

学校可以向广大师生公开财务基本信息，然后对财务信息进行收集整理、交换，使之越来越网络化、信息化，方便学校检查，使得财务部门拥有一个规范的、高效率的优秀形象。同样，加大对财务管理的监管力度，也可以深化财务工作流程，改善财务工作方式，进而更好地对高校经济秩序进行规范。这其中包含四部分：第一，深度优化经济资源配置；第二，对财务的控制更加合理化；第三，维护预算的严格性；第四，建立一个更加完整的预算管理体系。现在流行的"无现金报账"及校园实行的"一卡通"都可以避免财务人员动用公款，减少校园内部的现金流动，确保了相关费用的及时收缴等。

三、现代信息技术在高校财务管理模式构建中的应用

（一）现代信息技术在高校财务管理核算流程中的应用

①进行网上报账。网络会计核算具有集中、统一、规范的特点，可以通过电子信息平台，创建网上报账体系。报账人员按照报销规定通过网络实施报账，这样就可以不到报账单位进行报账，方便了广大教师。②运用好虚拟专用网。运用好虚拟专用网主要是指建立一个稳定、安全的公共网络，实现数据安全传输。当前的虚拟专用网技术不仅可以处理高校不同校区间各级的财务会计核算，也能够解决财务数据统一和报表合并的问题，从而确保会计数据采集的方便性和高效性。

（二）现代信息技术在高校财务管理支付流程中的应用

①进行网上实时结算。高校以前采用的资金结算方式，所有资金的转、汇等都与银行有票据交换，但受到交换票据和不同银行间跨行的影响，资金结算会存在一定的时间差。而在网上进行结算时，则不需要与银行有任何的票据交换，立刻就可以进行转账、网上支付等业务，更有利于提高资金利用率和加强对资金的管理。②开通网上缴费通道。高校正常运作的前提是保证学费、相关费用的及时收缴。因此，各高校均需要创建一种方便、安全、快捷的缴费方式。缴费方式一直在进步，先是现金支付，然后演变为刷卡和银行代扣，如果能开通网上缴费通道，实现网上缴费，将会大大提高工作效率。随着网上银行技术的逐步完善，网上缴费已可以实现，而且必将受到广大学生的欢迎。③进行转卡支付。高校中的转卡支付指的是，报销人在报销完成之后不需要提取现金，而是由报销人指定银行卡，资金结算中心进行转卡支付的过程。这样的支付方式有利于提高资金的安全性。

（三）现代信息技术在高校财务管理服务流程中的应用

服务流程主要包括两种方式——语音服务和邮件组服务。语音服务是服务者根据使用者长期以来的服务需求方面的经验，使用一定的服务号码，依照不同的业务类型来提供相关的信息查询，最后转接到后台工作人员，这样就可以把相关的信息咨询由前台转接到后台。这种方式不仅减少了前台工作人员的工作量，同时也防止了一些意外情况的发生。当然，语音服务也可以采用语音预约报账排号，这样也能省下不少的报账时间。邮件组服务主要是依靠后台服务作用，一个作用是把国家颁布的相关政策、学校的有关规定及时传递给广大师

生，从而加大宣传力度；另一个作用是工作人员可以依靠邮件组获取财务部门工作人员的建议和想法，以及时改进其工作方式和方法，从而提高服务质量。

（四）现代信息技术在高校财务管理安全防护流程中的应用

①监控。随着高校的不断发展，资金也越来越多，所以在关键位置设立一些电子监控设备是财务安全保护措施中必不可少的。在网络运行过程中，数据库的安全性相当关键，远程监控系统不仅可以在网络上获取信息，也可以在网络上进行正常的关机、重启等部分操作，还可以对较远距离的计算机设置一些常规的工作内容。②门禁。财务安全工作之所以很重要，就是由于财务部门工作的特殊性。金库作为学校财务部门的关键区域，对其进行的安全保护要更加严格。因此，可以在一些财务关键部门创建门禁体系，设置人员进出限制，如有必要也可以查找所有人员的进出记录。这样不仅可以确保所有流动资金、重要设备、重要档案的安全，也能更进一步地加强对财务单位内部的管理。

四、现代信息技术背景下的高校财务管理发展方向

（一）信息公开的民主管理

通过电子信息技术在门户网站和一些综合软件平台上的使用能拓宽财务信息渠道，提高财务信息的透明度，对财务民主化管理具有重要意义，同时还可以实现多个部门共同使用财务信息的目标。高校财务管理越来越趋向于信息化，所以财务工作的下一步就是将财务信息彻底公开化，并且对要公开的财务事项进行逐步审查批准，从而保证所有公开的财务信息内容的正确性、真实性和有效性。在公开财务信息的同时，相关部门要把在平台上公布的所有信息进行保存，其中包括信息中的关键性因素、信息审查批准的所有经过以及最终的审批结果，以便为日后的民主管理提供可靠资料。

（二）信息集成的绩效评价和决策

在积极运用现代信息技术的情况下，有必要对现代财务管理模式进行绩效评价和决策。所谓绩效评价是指，通过比较正式并且结构化的指标系统来判断管理模式对工作结果、工作特性产生的影响，明确其可能具有的发展特性，以为科学管理决策提供参考。当前信息技术发达，所提供的财务信息的准确性、公共性、整体性以及可用性都得到极大的提升，各种各样的管理模式和决策方式对体系预测和决策均具有重要意义。这样既可以满足对内管理的需求，也可以达到上级监管的要求及社会的要求。之所以要创建高效率的绩效评价系统，

就是因为在高校发展的过程中，想要实现教育资源的最优化管理，就必须提升高校的经济效益和财务部门的管理水平。同时，所建立的绩效评价系统要有利于高校相关部门做出管理决策，并给高校财务创新指出新的发展方向。

高校财务管理信息化是指高校财务部门对全校的收入、支出及各种数据进行分析、处理、监控、管理的过程，是高校信息化管理系统的核心组成部分。同时，高校财务管理信息化的发展与整个学校的发展息息相关。一方面，随着互联网技术与网络金融的不断完善，高校的财务工作正在逐渐从传统的核算职能向管理职能延伸，资金滚动预算、教育成本精确核算、专项数据分析和领导决策支持等方面正在成为许多高校财务管理的重要功能；另一方面，以信息化为手段，将会计人员从繁忙的会计核算、报表填写中解放出来，将财务工作的中心转变为能够提供及时的财务分析数据和决策信息，从而为高校创造越来越多的价值。

第三节　借助信息化技术构建高校财务管理内部控制系统

对于当前高校财务管理内部控制工作的开展来说，信息化技术的应用是提升内部控制工作水平的一个重要的途径。因此，应从科学角度发挥信息化技术的应用优势，更好地服务于高校自身的财务管理工作，使高校自身的经营管理水平得到进一步提升，构建良好的基础环境，满足当前新时期高校财务方面工作开展的多方面需求。

内部控制工作的开展，对于高校财务管理工作来说非常重要。提升内部控制工作的水平，可以更好地满足当前新时期高校财务管理工作的开展需求，同时也能够对高校内部管理工作中的一系列违规行为进行遏制，提升整体运营管理水平。在当前信息化时代背景下，信息技术的合理应用，能够进一步地满足和适应新时期高校内部控制开展的相关需求，并且构建一套更加科学的管控体系，促使高校整个财务管理水平的提升。

第一，给予信息化技术的应用以科学的认知。在高校内部控制过程中，要想确保内部控制信息化工作的开展效果，我们就应该从思想上对于内部控制信息化理念进行有效的推进和落实。在具体的内部控制信息化管理工作中，我们应该从高度覆盖和深度执行的角度，对内部控制信息化管理工作的开展效果进行提升，引入更加科学、高效的管理思路和管理理念。高校业务活动具有较强的专业性特点，相关内部控制信息化管理工作的开展落实，也需要其他部门给予相应的支持和配合。如果高校的内部控制信息化管理意识不到位，对于内部控制工作的开展不够重视，那么就很难保证内部控制信息化管理工作的落实成效。内部控制信息化管理部门负责人员应该做好内部控制信息化管理工作的有效宣传，让其他部门的人员形成良好的管理意识，能够主动地遵守和执行内部控制信息化管理工作的各项制度。

第二，做好信息化技术应用基础设施方面的构建。信息化技术的有效应用，需要一套完善的软硬件基础设施作为支持。在具体的信息化技术应用的过程中，我们应该结合高校内部控制工作开展的相关需求，做好基础设施方面的建设工作。相关的管理人员需要结合高校内部控制工作开展的特点，做好充分的调研分析，积极地为各项信息化技术的应用提供可靠的基础条件。这样才能更好地满足当前信息化技术应用的需求，才能更好地为内部控制信息化良性发展提供基础支持。

第三，围绕信息化技术对内部控制工作的程序进行相应的优化。从信息化技术应用的角度来说，开展内部控制工作应该结合其具体业务流程的特点，对信息化技术应用的优势进行充分发挥。当前高校内部控制体系涉及输入控制、计算机文件控制、计算机系统终端及输出控制等方面的内容。在具体内部控制系统平台的应用上，我们应该做好操作规范的控制，并结合系统对控制能力和处理能力的要求，做好整体流程的规范性改进。与此同时，从内部控制的角度来说，我们可以结合信息化技术应用的角度，对于内部控制流程中的一系列关键节点进行明确，并通过相应的梳理，将其固化在信息化管理系统当中。我们也能够在内部控制流程中引入标准化的管理思路，对于其中的业务流程、权限、职责以及参数等方面进行相应的设定，配合系统外控制等手段，实现整体内部控制效率的提升。

第四，利用信息化技术实现对内部控制风险的有效管控。在当前高校内部控制工作开展的过程中，通过信息化技术的应用，也能够对于财务管理工作中的一些风险进行很好的规避，并且实现对财务工作流程方面的有效监督和控制。例如，从管理权限的角度来说，我们可以通过身份认证机制的应用，对于财务人员的工作权限进行分配，结合实际情况对于财务信息进行规范化的处理和保存。这样整体内部控制工作在执行的过程中，可以减少人为因素所造成的风险。与此同时，通过信息化技术手段的应用，也能从安全性的角度，实现对财务数据方面的有效保护，避免数据的损失和破坏，同时通过不定期的数据抽查，也可以使整个数据和账目的一致性得到保障。另外，我们也应该意识到，信息化技术在应用的过程中，一些关于数据库、自动化信息处理系统等方面的安全控制如果出现问题，就有可能出现非授权访问等方面的情况。这些情况一旦出现，就会导致后续系统功能和数据方面遭到破坏，影响整体系统的正常运行。相关管理人员也需要从信息化安全管理技术的角度入手，做好相应的控制，配合防火墙、杀毒软件等技术手段的应用，从信息化技术的角度对安全方面予以良好的保障。

第五，加强人员管理。在具体的高校内部控制管理信息化工作开展的过程当中，高校内部管理人员应该做好相应的管理培训工作，使现阶段内部控制管理工作中存在的问题得到更好的认识与了解的同时，更好地利用当前的信息化管理思维，解决现存的内部控制管理工作中存在的问题和不足。相关的管理者本身应该在思想意识上给予足够的重视和关注，并且在具体工作的进行上，能够从更加科学的角度，对于内部控制管理的理念进行更加深刻的运用。与此同时，我们也应做好内部管理培训工作的开展和执行，结合当前信息化技术的应用要求，让在岗人员掌握内部查询系统、财务管理系统、报表管理系统、财务处理系统等的操作流程，以更好地适应当前内部控制信息化的整体效率。例如，我们应该结合实际财务管理系统操作的需求，配备专门的信息系统管理人员，让其能够定期进行系统日志、安全性的核查，做好信息网络安全方面的防护，提升内部网络的安全性，这样整个财务信息管理系统的运行也能够实现更强的稳定性。

总而言之，在当前新的发展形势下，在高校财务管理工作的开展过程中，我们必须要给予信息化技术应用以充分的重视和认同，并且结合实际工作的开展需求，做好整体的优化和改进工作，充分发挥信息技术的应用优势，实现其应用价值，提升内部控制工作的开展水平，保障高校财务工作的规范性和有序性。

第四节　高校财务档案信息化管理

高校财务档案是记录和反映高校经济业务的重要历史见证，也是高校日常管理中的一项重要组成部分，对于保障高等教育事业可持续发展起着关键性作用，同时也提供重要的信息支持与资源保障。要做好高校的档案管理工作，更快、更好地提升高校财务档案信息化管理水平，就必须强化制度建设、提高人员的管理素质、加快技术创新、夯实基础设施，保证高校日常工作的正常运作，从而更好地保障档案的安全性。

高校财务档案作为每个高校记录其自身发展历史的见证有着非常重要的意

义。高校财务档案管理的内容中包含着一些财务方面专业的记录文件，如财务支出的会计账簿、日常生活中有关高校支出的会计报表和对于资金流向进行总结的财务分析报告等大量的财务专业资料。这些档案都能够很好地记录高校在其历史发展过程中的真实情况，也是对高校在特定的历史时期的阶段性的真实的反映。因为其本身的特殊性，财务档案既是记录信息量繁杂的经济性财务资源，也是进行财务统计的基础性工作。随着现代科学信息技术的快速发展以及高校自身的发展，传统的财务档案管理模式已经在很大的程度上阻碍了高校教学的发展。所以，在新时代，要想更好地管理信息技术环境下的高校财务档案，就要建立健全管理制度，保证财务工作内容和流程的准确合理，通过这些措施来更好地提升高校财务档案信息化管理质量。这也从侧面体现了高校的综合办学能力。

一、高校财务档案信息化管理的基本内容和特征

（一）高校财务档案信息化管理的基本内容

1. 传统的实物纸质财务档案

由于档案本身的特殊性，高校财务档案主要是以传统的纸质财务档案信息化管理为主要形式。其主要包括以下方面：会计凭证类、会计账簿类、财务报告类以及其他的一些类别。这些类别下又分别包含了大量的内容，如会计凭证类包括各种支出记账凭证、年度总结的汇总记账凭证；在会计账簿类之下有各个类别的明细账目；在财务报告类中又包含各个季度的财务报表以及附表、文字说明等各种内容；在其他类中同样包含着大量的内容，有对于会计核算资料进行依法保存、对已经整理好的各种会计档案进行相应的移交保管等。因此档案管理工作是一项比较复杂的工作。

2. 新型的磁性介质财务档案

随着科学技术的发展进步，档案管理也不再仅仅局限于纸质管理。随着计算机科学的发展，人们可以把档案存储在计算机硬盘、光盘、U盘等磁性介质上。这些新型的存储方式，使得管理方案也发生了改变。对于磁性介质的档案管理而言，最好的保存方式就是以电子数据终端的形式储存在电脑的数据库里面，这也是当下最为常见的一种信息化管理模式之一。同时，由于计算机本身的工作性质，应该对于每年产生的大量数据在年终时进行数据库的备份。由于计算机的发展比较迅速，档案管理人员经常要对计算机系统进行更新，存储在

计算机内的财务软件也要进行及时更新，更新升级前要备份好数据库文件。对于一些特殊的不便于存储在计算机上的档案，应该妥善地存档，以保证档案的安全性。

（二）高校财务档案信息化管理的特征

第一，存储载体的多样性。随着科学技术的进步，现在高校的档案管理可以选择的存储载体也越来越多样。现在的存储也不再局限于以往的比较单一的纸质介质，可以根据档案自身的情况选择磁盘或是光盘、U 盘等不同类型的存储媒介来进行档案存储。其优点也是显而易见的，这些新型的存储媒介不仅安全可靠、节省存储空间，通过计算机就能随时调用并且能长久保存。这些便利的存储媒介的出现在很大程度上满足了高校的发展需求，便于高校利用，因而具备较大的价值。

第二，财务信息的安全性。新的技术手段的应用虽然有便利的一面，但是也有其各自的缺点。这些存储载体最为常见且难以解决的问题就是信息的安全性。网络虽然具有便利性，但相对于纸质的档案管理而言，多媒体存储安全隐患反而更大了。对于传统的手工会计而言，由于财务档案内容多、信息量大，要想快速地查找一项内容并不能很快实现，只能依赖于低效率、高强度的人工查账。但是在信息技术环境下，就能很好地利用计算机的筛选功能直接实现档案的快速查询。档案管理人员在操作计算机时，如果疏忽就会很容易使计算机感染一些病毒，有时会遭到不明黑客的攻击导致信息泄露。同时，由于档案管理的特殊性，利用计算机技术很容易实现对数据的复制或对一些档案进行更改而不被发现。这就会导致信息安全存在很大的漏洞。所以，加大对于计算机的监管力度，保证数据安全是高校财务档案管理信息化的前提。

第三，与综合办学水平的关联性。由于高校财务档案是反映学校发展过程中经济信息的重要资源，档案管理水平的高低往往直接决定了财务工作和档案管理工作的优劣。而且，档案管理是高校日常管理的基础性工作之一。因此，档案管理的水平也是考察高校办学水平的指标之一。随着现在教育环境的改变，高校的经济业务及参与的社会活动也变得日益繁多，"教科研"等各项经费收支也在逐年增加，这就不可避免地导致高校财务档案管理变得越来越复杂。所以保证档案的真实性、完整性和信息的安全性将会直接影响着高校的综合办学水平。

二、高校财务档案信息化管理的发展现状

（一）"三重三轻"现象严重

"重纸质载体，轻电子文件"和"重行为习惯，轻制度规范"。随着当前的科学技术发展，计算机技术已经普及各个行业，但是很多高校在管理财务档案时，收集、归档、保管、查阅以及对无用档案的销毁处理仍依赖于传统的手工系统，更多的时候只习惯存放纸质档案。财务档案信息化管理工作不能得到应有的重视。由于计算机的特殊性，对储存在上面的电子文档、程序文件等没有及时进行备份和归档，就很容易造成数据散失和文件毁损。同时，管理人员"重行为习惯，轻制度规范"也是一项很大的管理缺陷。由于计算机技术发展比较迅速，很多的高校财务档案管理人员往往不能很好地熟练运用各种管理软件，或者不具备档案管理学知识，很多的日常财务档案管理工作还是依托于以往的经验、习惯完成，对于计算机执行会计处理后产生的大量电子文档、备份文件等新的财务档案信息载体缺乏相应的管理措施。

"重视后续的管理，轻视前台基础的建设"。会计工作的性质决定了其必须确保前期基础工作的正确性，不然就会导致"一步错，步步错"的管理失误。在很多时候，由于网络化的快速发展使得高校财务档案管理内容信息量变得非常大，处理这些信息往往要花费大量的时间与精力。一些高校就会疏于建立会计档案入库前的审查监督制度，只重视档案移交的后续管理，从而不能更好地保证档案信息的准确性。

（二）缺乏四种意识

缺乏时效性意识和完整性意识。对于档案管理，在原则上应先由财务部门归档、编制清册，然后再全部移交到档案部门进行保管，个人是不允许自行封存保管的。但在实际工作中，为了方便随用随拆，而没有存放到档案库中去，导致很多资料不能做到及时归档处理，不能向档案管理部门及时移交。由于档案管理人员的素质参差不齐，在很多时候不能很好地进行工作协调，对于一些档案不能更好地进行归档处理。由于工作人员的责任意识不强，往往只对那些比较重要的磁性介质财务数据文件或者辅证材料文件进行管理，缺乏档案完整性的管理意识。

缺乏过程控制意识及利用效益意识。很多高校在档案管理方面都存在人手不足的问题，不能将财务管理活动过程中形成的大量原始凭证进行有效的整理、归档。档案管理人员缺少很好的过程控制意识，从而不能保证财务档案的质量，

其缺乏利用效益意识也会导致档案管理工作不能更好地为高校的可持续发展服务。

三、提高高校财务档案信息化管理水平的举措

第一，技术创新。随着计算机技术的快速发展，以往的管理模式已经不能很好地适应现在的发展需要。探索技术创新是为了能更好地满足新型档案载体管理的要求、提高档案信息的智能化处理能力。随着新型存储介质的不断推广应用，以新型载体为对象的财务档案管理模式将会是未来的发展趋势。通过有效地保护档案信息内容的安全性、完整性与真实性，通过改革创新来提高和维护高校财务档案管理信息化的安全，通过引进先进的技术设备来更好地满足新型档案载体管理的要求。

第二，夯实硬件基础和提升软件层次。要想更好地解决财务档案管理问题，必须从计算机入手。通过改善财务档案管理的一些硬件设施，更好地保证信息安全。另外，也应适当购进新的管理设备，从而使得财务档案管理更加规范。同时，高校还可以提升软件层次，保证所使用的软件能充分发挥出其应有的技术优势以辅助管理，从而最大限度地满足需求。

采取以上措施的主要目的是更好地服务于信息技术环境下高校财务档案管理工作，以促进高校快速发展。

第五节　依托信息网络技术提升高校医院财务管理水平

传统的高校医院财务管理以手工方式为主，财务人员忙于应付日常事务性工作，工作效率低，数据误差大。本节依托校园信息网络技术，构建高校医院财务管理系统，主要模块包括门诊挂号收费管理系统、住院收费管理系统、药库药房管理系统、财务数据中心。在实施该财务管理系统后，明显地缩短了患者就医时间，提高了高校医院财务信息的透明度，提高了资金使用效率，为医院成本核算打下了坚实的基础。

高校医院作为高等院校的一个职能部门，主要为高校教职员工和学生提供预防保健、疾病医疗、健康教育等服务工作，还要承担校内大型活动的保健工作以及公费医疗报销等工作，在保障教职工和学生的健康安全、保证学校的稳定发展、控制公费医疗超支、完成公益性服务等方面发挥了极其重要的作用。随着我国医疗保险制度的逐步实施和高校后勤社会化的全面启动，高校医院的业务受到很大冲击，病人可以自由选择医疗机构看病，高校医院的生存和发展

受到严峻挑战。现在许多高校医院的财务管理还停留在手工方式，劳动强度大且工作效率低，财务人员的大量时间都消耗在记账、算账、报账的日常事务性工作上，根本没有精力用于加强医院的资金管理、资金监督和内部会计控制。目前，高校医院在利用信息化管理手段上还比较落后，由于没有完善的信息网络技术，造成许多数据资料的统计分析根本无法进行，影响医院的整体工作效率。现有的高校医院财务管理已不能适应医疗改革的需要，要建立一套与医疗改革相适应的高校医疗财务管理体系，必须依托信息网络技术管理。

一、信息网络技术与高校医院财务管理

随着计算机技术及网络技术的迅速发展，医院财务信息化建设显得越来越重要。信息网络技术是指在现有的数字化网络平台的基础上，利用服务器、网络接口、数据终端等硬件设备及相关软件，构建高校医院财务信息化管理系统，对医院日常的记账、算账、报账等数据进行实时存储、加工、传输与分析应用，从而实现财务信息数据利用最大化、信息共享通用化、财务管理规范化、决策管理科学化的目标。

根据信息网络技术特点，构建基于分布式网络结构的高校医院财务管理系统，达到改变高校医院财务管理手段普遍落后、信息技术应用程度不高这一现状的目的。我们依托校园网络技术平台，设计开发了医院财务管理信息系统，实现了财务管理与医院业务之间的有机结合。高校医院财务信息系统对财务信息的处理可分为三个层次：财务数据收集、加工、处理。由此解决了高校医院财务管理存在的效率低、劳动强度大等问题，提高了医院的财务管理效率，充分发挥了财务管理信息化在医院财务实际工作中的作用。医院财务管理信息化是医院信息化管理的一个重要组成部分，医院财务管理信息化水平的高低，直接影响到医院的经营决策。

二、高校医院财务管理系统的内容

基于网络技术开发的高校医院财务管理系统的内容主要包括门诊挂号收费管理系统、住院收费管理系统、药库药房管理系统、财务数据中心。

（一）门诊挂号收费管理系统

当病人来到医院，第一次挂号时，都会分配一个"就医卡号"，以后病人再来看病时，只需输入"就医卡号"就能进行挂号。这样明显减少了收费员重

复录入的时间，也减少了病人排队等候的时间。病人在医生处看完病后，医生工作站立刻把收费信息传递到挂号收费室，收费员只需输入"就医卡号"，就可以迅速、准确地收取费用，避免了错收、漏收，减少了医院的经济损失，这样也节省了病人等候划价收费的时间，使收费员的工作效率大大提高。挂号员每天根据日缴款报表向财务部门交款，做到日清月结。

（二）住院收费管理系统

收费员根据病人的入院登记卡，录入病人的详细资料，必须包括住院号、费别、姓名、性别、职称、入院科室等。医生每天在病房开立医嘱，护士将病人的各项费用录入电脑，中心药房根据电脑数据把药物送到病房护士站，由护士把相应药物逐一分派到相应床号的病人手上，病人出院时再统一把数据输送到医院收费部门统一收费。住院收费系统的建立，提高了收费人员的工作效率，使其可以在计算机中随时查阅收费情况，对每个病人的费用实时核算，方便病人打印住院费用清单。这一切通过电脑操作，自动计费，基本上避免了欠费、漏费及人情费的现象。

（三）药库药房管理系统

在药库药房管理系统中，对购入药品办理入库手续，将购入药品的品名、规格、剂量、购入价、批发价、有效期等相关信息一并录入计算机，能使医院财务部门及管理者随时掌握医院的药品销售及库存情况，指导药品储备，保证临床用药，防止药品积压，降低药品损耗，提高医院资金使用效率。

（四）财务数据中心

医院的门诊挂号收费管理系统、住院收费管理系统、药库药房管理系统互相联系，构成医院财务数据中心。财务数据中心的建立，实现了医院财务统一管理，使得医院会计人员可以随时查询各种财务信息，实现数据共享，保证医院会计人员实时掌握最新的信息和数据。相关人员应实时监督门诊收费人员和住院收费人员的工作情况，对每日收费金额进行核对，保证医院收入到账。电子计算机代替人工，进行记账、算账、报账、查账工作，会计人员利用计算机对财务信息进行统计、分析、判断，为领导决策提供支持，节约了大量的人力、物力和财力，并赢得了宝贵的时间。财务管理信息化，具有运算速度快、存储容量大、数据高度共享、检索查询快捷、编制报表简单、数据分析准确等特点，从而使收集、整理、传输、反馈的财务信息更准确、更及时，满足了医院财务管理的需要，提高了医院财务分析和决策能力，更好地实现了会计人员参与医院管理和决策的职能，从而推进了财务管理制度的改革和医院财务管理现代化进程。

三、信息网络技术对高校医院财务管理水平提升的效果

（一）缩短了病人就医时间

财务管理系统的应用，减少了病人来医院就医时出现的排队多、等候时间长的现象。医院财务管理信息化，实现了财务信息的全过程追踪和动态管理，简化了病人的诊疗过程，改变了目前排队多、等候时间长的局面。以往教职工、学生对高校医院最大的意见，就是排队多，挂号、收费、取药等候时间长，看一次病，少则排4次队，多则5～6次，用于排队等候的时间最少在1小时以上，教职工、学生普遍对此不满意。财务信息化管理使医院面貌焕然一新，根据委托第三方进行的病人满意度调查，病人满意度从60%上升到80%。

（二）提高了会计人员的综合素质和医院财务管理水平

财务管理系统的应用，减轻了会计人员的劳动强度，提高了其工作效率，也增强了会计人员的竞争意识，改变了其观念，使其愿意积极主动地去钻研业务，不断更新知识，提高了会计人员的整体素质。在手工记账时期，投入了大量的人力、物力去记账、对账，由于工作量大，财务信息提供不及时，准确性差，造成医院的经营状况和经营成果不能及时、有效地反映出来。随着医院财务管理信息化的逐步开展，各种数据的计算、分类、归集、存储、整理、分析等由计算机自动完成，规范了医院的财务管理工作，降低了会计人员的劳动强度，改善了财务工作条件，使财务部门工作效率比以前大为提高，充分发挥了财务的监督管理作用。

（三）提高了高校医院财务信息的透明度

内部控制是医院管理的基础，完善的内部控制制度，可以降低医院成本，提高医院效益。加强财务监督与审计，是做好高校医院财务工作的重要措施。高校医院属于学校二级财务，内部控制制度并不健全，以前手工记账、手工划价，容易形成财务管理上的漏洞。现在通过财务管理信息化，提高了高校医院财务信息的透明度，使不同岗位互相监督、制约，也提高了医院整体的经营管理水平。

（四）加强了药品管理，提高了资金使用效率

药品是医院流动资产中相当重要的部分。以往药品价格全靠划价人员记忆，

容易造成差错。现在不再需要划价人员，会计人员可以随时利用电脑查询药品的进销存情况，科学设定药品最低储备额，防止药品积压。现在医院实行药品网上招标，阳光采购，节约了大量资金，大大加速了资金周转，提高了资金使用效率。要定期对药品进行盘点，药库的盘点准确率基本上达到100%。

（五）为医院成本核算打好基础

以前由于种种原因，医院一直没有实行成本核算，由此造成高校医院人员"吃大锅饭""等、靠、要"思想比较严重，缺乏竞争意识。另外，医院财务管理手段基本上是手工记账方式，效率低下、差错率高、观念落后，财务账目中的大量数据难以及时进行查询、统计及分析。随着医疗改革的不断深入，高校医院必须实行完全成本核算制度，进行成本的管理、控制和分析，不断提高医院资金的使用效率。依托信息网络技术管理，使成本核算成为可能。会计人员把工作重心转移到提高医院资金使用效率上，使医院财务管理从核算型向管理型转变，强化财务管理，这样才能面对改革、迎接挑战。

高校医院经营的主要目的是为教职工和学生提供便捷及时的医疗服务，其社会效益大于经济效益。在满足高校教职工和学生医疗服务的基础上，适当提供对外服务，可增加医院的知名度和经济效益，也是理所当然的。依托信息网络技术平台建立的财务管理系统为分析医院的经营成果提供了条件。该系统运用各种财务指标，根据有关会计资料和统计数字，应用综合评价技术去反映医院经营管理现状，实时处理医院经营管理过程中存在的问题。这不但提高了医院的社会效益，也提高了医院的经济效益和竞争能力。

第二章　云计算技术与高校财务管理

第一节　云时代下的高校财务管理新视角

随着云时代的到来，利用云计算技术实现财务与"云"的结合是未来财务发展的必然趋势。高校财务应充分把握云时代为高校财务管理发展所带来的机遇，利用"云财务"管理模式有效解决传统财务管理模式中管理效能较低、财务信息凝滞、信息化成本高等诸多问题，提高高校财务管理的工作效率和管理水平。

一、云时代的背景

随着现代科技的迅速发展，从知识经济时代、全球化时代到互联网时代，从不同角度看现今时代有不同的定义。现如今，一个全新的称谓——"云时代"，快速吸引了人们的目光，并进一步改变着我们的生活。所谓云时代，实际上是云计算时代的简称，依托云计算技术的不断普及，带来信息系统结构颠覆性的变革。2007 年 IBM 和 Google 宣布了云计算领域的合作后，云计算开始作为一种全新的商业和应用计算方式被提出，并迅速成为学术界和产业界研究的新热点。随着近年来的快速发展，最简单的云计算技术在网络服务中已经随处可见，如搜寻引擎、网络信箱等，用户只要输入简单的指令即可获得大量的信息。因此，云计算正以其超强的计算能力、灵活方便的操作模式，以及较高的可靠性与通用性引领着信息时代前进的方向。

国内云计算领导者浪潮集团在北京举行的 2013 云产品发布会上，通过首次定义"财务云"概念，推动企业财务管理步入"云端"，迎来了在云计算和移动互联网背景下，以云计算为支撑的"财务云"时代的到来。财务管理与"云"的结合，可打破地域、时间和传统意义上的核算主体的约束和限制，使会计核算的职能更加清晰与专业，管理更加精细化。

二、"云财务"的提出对高校财务管理的借鉴意义

高校财务管理所需的数据和资源都存储在"云"中，财务人员可以随时随地地处理各种账务，不受时间、空间的限制，这为财务人员下学院、下基层为广大教职员工服务提供了技术支持，较好地实现了财务服务重心的下移。

基于以上原因，未来高校财务工作的发展方向应是通过网络服务实现财务的所有职能，任何需要到财务部门办理的业务均可在网络上办理，师生足不出户即可办理学费缴交、经费报销、项目结题、经费使用情况查询等业务。基于云计算的"云财务"管理模式将这一设想变为现实。高校可以把自有的业务流程和想法快速应用到管理软件中去，通过信息系统模块的个性化定制，使服务对象只要处于网络中，无论其所处位置和使用终端类型均可以获取服务。所请求的资源来自"云"，应用在"云"，服务对象只需要一台个人电脑或者智能手机等终端，就可实现通过网络服务办理所有经济业务。

三、高校"云财务"管理模式

（一）"云财务"管理模式概述

"云财务"管理模式是一种全新的结合网络应用的财务管理模式，通过利用云计算技术的优势与特点，有效解决传统财务管理模式中管理效能较低、财务信息凝滞、信息化成本高等诸多问题，经济高效地为会计核算、会计管理和会计决策服务。

（二）高校"云财务"管理模式的特点

在"云财务"管理模式下，高校管理层和财务数据使用者可以随时随地地实时查看高校财务数据，信息的同步和共享变得更加便利。

"云财务"灵活的自定义功能和个性化服务可以满足服务对象的各类需求，能将会计分录、会计核算、财务报表等应用中个性和变化的要素转化成会计软件中的自定义功能，按服务对象的需求提供其所需的信息。

随着高校财务管理水平的提升，财务管理的功能与作用已逐步上升到服务学校战略的高度，财务提供的原始数据是学校进行重大战略决策的决定性因素。然而，现有的高校财务管理系统局限于传统的原始凭证的录入以及提供简单的账务查询功能，原始数据的分析、归纳功能较为薄弱。财务报表基本采用固定

格式，所能反映出的高校资产、负债情况较为单一，无法满足个性化的信息需求，严重影响了财务管理在学校经营决策、分配政策等方面本应发挥的重要作用。除此之外，高校财务管理主要为教学科研服务，高质量的服务就是以最快的速度为广大教职员工提供全方位的服务，使他们有更多的精力与时间投入教学科研工作中。这必然要求高校财务工作者不断创新服务方式，充分利用先进的信息系统提高服务水平。

云计算提供商拥有超大规模的"云"，可为用户搭建信息化所需要的所有网络基础设施和软硬件运作平台。高校无须再购买诸如服务器等昂贵的设备，也不需要为计算机和应用程序的升级维护而不断付费，可节约大量的购置成本、运行成本和维护成本。

四、云时代为高校财务管理发展所带来的机遇与挑战

第一，云时代下知识经济和网络技术的发展提升了财务管理的效能，使财务管理模式、财务管理手段发生重大转变。

随着科技的不断发展，计算机技术也在不断发展，电子信息技术被广泛运用在各行各业的财务管理中，并在财务管理中发挥着重要的作用。计算机技术的不断发展，促进了信息化时代的到来，推动了财务管理模式、财务管理手段的创新和发展。从财务管理模式上看，知识经济拓展了经济活动的空间，改变了经济活动的方式和财务管理模式，财务管理模式正在从过去的局部、分散管理向远程处理和集中式管理转变，经济活动的数字化和网络化日益加强。同时，传统的固定办公室正在转变为互联网上的虚拟办公室，依据互联网的在线办公、远程办公、分散办公和移动办公正在取代现在的办公方式。这不仅降低了财务管理的运行成本，更主要的是提高了工作效率。从财务管理手段上看，互联网技术的应用使得财务管理突破了时空的限制，实现财务信息的动态实时处理，全新的运行方式提升了财务管理的效能。

第二，"云财务"带来财务人员角色的转型，增强了财务管理在高校战略决策中的作用。

高校财务工作烦琐、细致，财务人员疲于应付事务性工作，仿佛生活在真空中，两耳不闻窗外事，埋头于从凭证到会计报表的核算与编制过程。其实，每一个从事财务工作的人都希望能在工作过程中从幕后走到台前，能彻底解放自己，解放财务的生产力，通过增强对财务数据的分析和处理能力为高校的发展贡献更大的价值，而不仅仅是简单地进行原始凭证的审核与输入。云计算

技术的使用可以改变传统的业务流程，通过提供标准化的服务，用更加经济、高效的方式实现财务基础业务的运作，可以大大减少财务人员的工作量，使财务人员从简单的原始凭证的制单业务中解放出来，使其加强对财务数据的分析研究，成为有较强综合能力的财务专家，为高校的战略与发展决策提供有力的支持。

第三，"云财务"管理模式促进了财务流程再造，加强了高校内部的财务协作。

在高度发达的云计算基础上，通过信息流协同，高校内部整个财务工作可构建良好的一体化流程，使各个部门有序合作，合理配置资源，实现高校良性的可持续发展。在会计核算上，原始票据的签批、原始数据的录入均可在网上操作，财务人员仅是数据的处理者，且操作不受时间、空间的限制。在预算上，现有的做法是各部门使用自己的预算电子表格，完成之后将其发送给财务部门，由财务人员负责将来自不同部门的预算电子表格手工合并到一起。在"云财务"模式下，财务部门可以在"云端"以网页的形式为各部门建立一个单一的预算文件，各部门输入预算数据后，合并的预算实时生成。在财务报表上，原有的报表格式固定，提供的信息有限，且往往因信息不对称，高校管理层难以实时掌握财务运行情况，不利于重大决策的制定与实施。"云财务"模式下灵活的自定义功能，可随时提供所需的财务信息，会计报表甚至可按部门生成，不仅为高校管理层也为部门负责人提供灵活多样的财务信息。

"云财务"管理模式的运用虽然可以解决许多传统财务管理中的问题，但是新机遇势必也会是新挑战，毕竟"云财务"是一个新概念，其推广和应用还需要一个较长的过程，还有许多的问题等待着解决与完善。首先，"云财务"是基于云计算技术而建立的财务管理模式，我国目前的云计算建设处于起步阶段，技术尚未完全成熟，且与之相对的云计算标准及法规有不少空白，因此无法提供明确的云计算数据安全指导方针与要求。其次，财务信息的安全是财务工作的重中之重，在"云财务"模式下，所有信息储存在"云端"，程序应用在"云端"，如何保障"云端"高校财务信息的安全是影响"云财务"管理模式在高校中大规模使用最重要的因素。最后，对新生事物的接受程度也影响了"云财务"管理模式的推广与使用。基于云计算的"云财务"管理模式可以说是高校财务信息化的一次重大变革，财务的运作与管理流程发生了翻天覆地的改变。高校财务人员应通过主动学习在思想上保持创新的思维模式，在行动上时刻关注云计算的最新知识，以迎接高校财务管理云时代的到来。

"云财务"管理模式是高校财务管理在云时代下的新模式，是传统的财务管理在新的网络环境下的发展和完善。云时代下云计算的出现及应用，使高校财务管理进入了一个新阶段，虽然在技术上不够成熟，但是任何事物的发展都需要一个循序渐进，不断摸索、完善的过程。随着市场的成熟，相关法律、法规的建立健全以及相关标准的出台，将会有越来越多的高校在观念上接受这种新模式，主动运用新模式来提高高校财务管理的工作效率和管理水平。

第二节　云计算背景下的高校财务信息化

互联网时代，高校财务信息化建设问题逐渐成为高校财务管理中不可忽视的部分，这一工作的开展逐渐与新兴技术相结合。基于此，本节对云计算背景下的高校财务信息化进行了探讨，分析了高校财务信息化建设现状，并对其中出现的问题进行了论述。同时，本节还阐述了如何在云计算背景之下，实现高校财务信息化。

目前，我国对高校教育的财政投入不断增多，高校发展速度较快。随之而来的是，我国高校财务信息化建设工作面临力度不强、基础工作准备不完善等问题，这些都使得高校财务管理工作开展举步维艰。所以，高校应加强财务信息化建设，并在其中融入云计算技术，使其得到更为长远的发展。

一、高校财务信息化的云计算背景

云计算技术是互联网时代引人关注的新兴技术之一。云计算技术的应用脱离不了计算机和互联网，需借助于大量的"云端"数据资源进行计算。美国国家标准与技术研究院曾对云计算的定义做出阐述——云计算是一种按照使用量付费的模式；云计算可以提供有效的网络访问，并且能进入计算资源共享池。所以，相关计算资源可以迅速提取。而在此过程中，并不需要过多地投入管理工作，服务运营商也无须提供大量交互。

当前，大多数高校财务信息化的程度不高，这为高校财务管理工作的开展带来了一定的不便。同时，由于我国高校财务信息化建设起步晚，所以相关的法律法规、技术标准以及安全保障都稍显不成熟，其中的云计算技术融入也较少。目前，基于云计算的高校财务信息化发展的理论知识和实践经验都比较匮乏。因此，云计算背景下的高校财务信息化还有待进一步研究。

二、高校财务信息化建设中的需求和问题

①高校财务信息化建设中的需求。实现高校财务信息化是推进高校财务工作开展的必要环节。但是，高校并不同于一般营利性企业。作为教育机构，高校的财务信息化建设需求与企业有所区别，其工作开展过程仍应该与国家相关规定相符。

第一，高校财务信息化应满足其资产管理的需求。在高校中，学院林立且组织部门相互独立。高校资产的使用者、管理者以及财务部门都处于相互独立的状态。因此，高校需要通过财务信息化建设实现统一的资产管理，构建完善的财务信息管理系统。

第二，高校财务信息化应满足个性化需求。高校与企业的财务管理差异较大，其财务系统设置与财务核算流程也不尽相同。而且，高校的信息系统和财务系统在寒暑假时处于闲置状态。其财务收支虽然也受政府财政的监督管理，但仍具有一定的自主性。所以，高校财务信息化建设要求个性化定制。

第三，高校财务信息化应满足使用需求。年终时，高校需要递送的财务报表种类多达几十种，相关工作人员承受了很大的工作压力。推进高校财务信息化建设的根本目的在于减轻财务人员负担，提高财务人员的工作效率。所以，高校的财务信息化需要具有实用性，以满足高校财务工作的具体需求，达到提高工作质量和效率的目的。

②高校财务信息化建设中的问题。我国大多数高校财务信息化建设工作已经取得了初步成效。但是，高校财务信息化水平还是无法满足高校财务工作的需求。经过综合分析，我们发现在当前高校财务信息化建设之中，普遍存在以下问题。

首先，高校的财务信息化建设标准不统一。顾熠在《高等学校会计信息化建设研究》一文中表示："我国高校财务信息化建设已经实现了会计电算化，但是还难以实现信息化系统的整合。"国内各大高校彼此独立，其财务管理系统也大多由本校自主构建。不仅如此，即便是同一所高校，各学院以及组织部门所用的财务管理软件也存在差异。因此，无论是高校内部还是高校之间，并没有使用同一财务信息数据端口，应用软件的服务标准也不统一。如果财务信息的传收双方所使用的财务管理软件不同，被传输的财务信息就可能因数据传输规则不匹配而出现无法使用的情况。这样会给信息共享以及信息应用造成阻碍，进而影响财务工作的质量和效率。

其次，高校信息设备老旧。为了实现财务信息化建设，高校必须配置相关

的信息化基础设施。在欧阳玲的《高等学校财务管理信息化的现实思考》中提及 "我国高校财务信息化面临着软硬件选择应用不合理问题"。在高校财务信息化系统之中，主要以 C/S、B/S 架构和多层级应用系统作为开发模式。该系统必须设置多台服务器，才能完成财务数据库的加载工作，并支撑财务系统操作软件以及中间层软件的运行。同时，财务信息化系统对保密性要求极高。为了防止财务信息数据外泄，需要在硬件上配置防火墙、数据备份系统、杀毒软件等设备。但在许多高校中，信息设备老化问题严重且更换维修频率不高。

最后，高校的重视程度不够。财务信息化建设虽然是时代发展的必然，但仍有许多高校并未意识到其重要性，并在工作开展过程中略显敷衍。就目前情况而言，我国的高校评估标准仍以科研和教学指标为主，财务工作并不能引起大家的关注。而且，高校的财务管理理念还停留在传统层面，以至于财务信息化建设速度迟迟难以得到提升。

三、云计算背景下的高校财务信息化建设

（一）高校财务信息化建设所面临的挑战

在高校财务信息化建设过程之中，引入云计算固然符合其工作发展需求，也能顺应未来发展趋势。但是，基于云计算的高校财务信息化在其发展道路上也将面临挑战。这一挑战主要表现在三个方面。

一是财务系统的安全问题。财务数据的安全有效是保障财务工作顺利开展的基础。云计算背景下开展的财务信息化工作需要将核心财务数据储存在云服务器上面。即便云服务商为其服务器配置了最为先进牢固的安全防御系统，并有专业的安全维护人员负责，但存储数据的安全性仍然无法得到全面保障。一旦出现数据泄露，势必会对高校财务工作造成重创。二是财务工作开展的观念问题。云计算技术的介入，会使得财务系统得到进一步优化，而财务工作流程也将发生较大改变。但是，高校财务人员受到旧有观念以及个人能力的限制，并不能完全适应这种变化，会阻碍这一工作的开展。三是财务工作的数据转移问题。这是基于云计算的财务信息化建设工作难题之一。这并不是单纯的数据复制，在数据转移过程中，很可能出现人为篡改或因数据接口转换而出现读取失误的情况。对于高校而言，将财务信息转移到云计算财务系统之中将耗费大量的人力、物力。

（二）云计算背景下的高校财务信息化模式

身处大数据时代，云计算的应用对于工作信息捕捉利用以及工作效率提升具有极大帮助。基于此，高校所开展的财务信息化建设应该与云计算实现深度融合。一方面，高校的财务信息化系统应该具有其独特性，体现其个性化信息服务优势并实现合理的成本管控；另一方面，需要财务数据信息平台，以实现高校事务管理与财务核算的有机结合。

1. IaaS 模式

IaaS 模式意味着基础设施即服务，是一种非常典型的云计算服务模式。在这种模式下，消费者可借助互联网从完善的计算机基础设施之中获得服务。基于互联网的储存和数据库是 IaaS 的一部分。通常来说，这种模式有三种用法，分为公有云、私有云以及混合云。而在应用时，云计算服务商提供给消费者的可利用计算基础设施包括路由器、中央处理器（CPU）以及储存设备等。云服务的提供商会对相关资源进行部署，并为用户提供统一的数据端口以便于其使用。可以说，在 IaaS 模式下，云服务提供商就是通过提供网络资源以及基础设备来满足高校财务工作需求的。所以，应用此模式的用户并不需要为基础设施的部署以及维护问题而担忧，也不需要费心于财务数据的转化和传递，只要专注于财务处理工作本身即可。

IaaS 拥有其自己的计费方式，通常以资费量来计费。应用该模式所需要的网络带宽与服务器数量都属于其计费范围。其资费内容还包括储存空间的大小以及租赁市场等。在统计该模式所耗的费用时，应该对各项资费进行综合计算。如果某高校选择了 IaaS 模式，那么该高校就会以接收可量化的基础设施资源的方式与云服务商达成合作。在这样的合作背景之下，高校开展财务信息化建设工作时所投入的成本将明显减少。其不仅不需要支付昂贵的信息设备采购和维护费用，更不需要在此方面投入过多的人力成本；只需要根据自身的实际需求，向服务商租赁相关资源就可以顺利开展工作。如此一来，财务信息化建设的发展成本将有效降低。

2. PaaS 模式

PaaS 模式意味着平台即服务，也是互联网服务类型之一。应用这种模式需要搭建一个信息服务平台，而用户可以基于此平台自主完成定制软件的开发。换言之，PaaS 模式为消费者提供的服务是基于软件开发方面的。当用户在服务商所搭建的信息服务平台上，进行了语言或工具开发后，这些程序将被部署在服务商的云计算基础设施上。在这种情况下，用户所需要的平台、技术辅助以及编程规则等都由服务商提供，而用户只需要根据其自身需求进行搭配即可。

PaaS 模式收费并不固定，会根据其语体使用情况而上下浮动。其收费系统涵盖内容较为广泛，从构建平台所需要的基础设施数量，到平台功能模块，再到用户数量都包含在 PaaS 模式的收费标准之中。这种模式具有极为鲜明的特点，即可以最大限度地让客户实现自主定制，满足他们的个性化需求。对于高校财务信息化工作的开展而言，个性化定制是其必要需求。所以，PaaS 模式与高校财务信息化建设的发展需求相契合。如果高校选择这种模式开展工作，则需要组建相应的人才队伍，打造一支专业性和灵活性极高的团队。为开发此类型的财务信息化系统，高校需要选择财务人员、计算机软硬件专家以及学校的业务管理负责人，并让他们实现通力合作。只有这样，才能既保证该系统的专业性，又保证该系统的适应性，满足高校的个性化软件定制需求。

3. SaaS 模式

SaaS 模式意味着软件即服务。也就是说，在此模式之下，服务商是通过运行云计算基础设施之上的应用程序为用户提供服务的。用户可以借助电子设备来访问应用程序客户端。如此一来，客户只需要根据自己的实际需求挑选合适的软件并进行租用，就可以满足自身的工作需要。如果高校选择这种模式，就不需要承担程序的开发成本，也不需要负担软件的运行成本，更无须操心其后期维护，财务信息化工作开展的人力、物力成本会大幅下降。对于一些财力不足的院校来说，这种模式的性价比极高，是其进行财务信息化建设的首选模式。此外，在这种模式下，服务商所提供的服务不仅是关于软件的联网应用方面，更涵盖了离线操作以及本地数据储存服务。高校可以随时使用订购软件，并借助于服务商提供的服务高效地完成本校的财务管理工作。

SaaS 模式的收费标准弹性较大。服务商会根据高校选定的软件类型以及其设计应用情况进行判断。其中，不仅包括应用软件的许可证费用，还包括应用软件的技术支持和日常维护费用。在缴费时，通常根据用户的实际需求而进行综合测算，然后以月为单位，收取月度租用费。

综上所述，云计算背景为高校财务信息化建设提供了新的发展路径。在相关工作开展的过程中，工作人员应该积极引入云计算技术，并基于高校财务信息化需求的现状和问题，对财务信息化建设工作的开展模式进行分析，建立起基于云计算的高校财务信息化应用模式。

第三节　基于大数据结合云计算的高校预算管理

科学技术的不断发展,大数据、云计算等信息技术的不断涌现,使日常生产、生活逐步向信息化靠拢。大数据与云计算的时代背景,给高校的预算管理工作带来了新挑战。这需要高校财务管理部门转变传统的管理理念,以全新的态度对待高校财务管理工作。本节基于大数据结合云计算背景,分析目前我国高校财务管理工作的实际情况,明确高校财务管理工作的意义,为高校财务管理工作提出相关的建议,以提高高校财务管理工作的质量和效率。

一、基于大数据结合云计算背景下,高校财务管理工作的意义

传统的财务管理系统在面对大容量的财务信息以及大面积的数据统计时显得非常烦琐、复杂,而在大数据结合云计算背景下,对于复杂的财务信息与数据能进行简单的处理分析,使数据处理结果更加准确。在此背景下,财务工作者的工作压力相对降低,财务系统流程更加完善、具体,财务管理工作能够有效开展,避免了一系列问题的出现。这样能够促使高校财务管理工作满足信息化时代的发展需要,能够更好地提高高校财务管理水平,提高高校财务管理工作的效率和质量,加快数字化校园的建设。

首先,我国高校在财务信息的保存过程中存在一定的特殊性和局限性,这就是高校在进行财务信息管理时遇到的阻碍。财务信息管理系统不同于其他部门的信息管理系统,他们之间没有紧密的联系,都是独立存在的。各部门都是在独立的情况下进行信息管理工作,这就使高校财务管理工作受到严重的影响,无法在第一时间获得有效的财务信息。

其次,在财务信息管理过程中,财务工作者需要根据相关凭证以及支付凭条,将信息输送到财务信息系统中,这样就会增加财务工作者的任务量,也会降低财务工作者的工作效率,尤其是在这中间还存在时间差问题。高校财务管理工作非常复杂,需要财务工作者投入大量的时间和精力进行整理、核算,还要做好相应的报表。这导致财务工作者没有时间去改革创新。加之财务管理系统独立于其他部门系统,使财务管理水平得不到有效的提升。长期如此的工作状态,严重阻碍了财务工作者发展创新意识,其在管理方法上的创新意识比较薄弱。基于大数据结合云计算的背景,能够促使高校各个部门进行信息的有效交流,但是传统模式下的高校财务管理工作现状很难满足这一要求。

最后，高校财务管理工作流程非常复杂，涉及的范围也比较广。比如，财务管理需要负责收费、核算、结算以及预算等相关工作，但是在高校财务管理中并没有将这些工作进行有效结合，缺乏统一、规范的管理，从而导致各部门在处理某一问题时出现非常混乱的局面，甚至就某一问题出现重复操作等现象，工作人员不清楚自己的工作职责，严重影响到高校财务管理工作的科学性和规范性。除此之外，财务工作者的选拔标准不一，导致其专业素质和业务水平参差不齐，这种情况很难满足大数据结合云计算背景下的人才需求。

二、基于大数据结合云计算背景下，提高高校财务管理工作水平的措施

（一）提高财务工作者的业务水平和专业素质

在大数据结合云计算背景下，高校财务管理人才相对短缺，需要高校加强财务管理人才的培养，提高财务工作者的专业素养，使其顺应时代的发展潮流。面对大量的财务数据核算工作，为了保证财务数据的真实、正确、有效，就需要高校加强对财务管理人才的培养，建立一支优秀的财务管理队伍。除此之外，高校还要加强对财务管理人员的培训，提高其思想道德素质、业务水平，强化其工作作风，建立一支素质高、业务强、作风正派的财务管理队伍。

（二）基于云计算，构建财务信息处理平台

构建财务信息处理平台可以对高校的财务信息资料进行收集、整理，并且针对不同的财务信息进行系统地分析归类，做好相应的财务报表，从而有针对性地为高校提供相应的财务预算，使高校在财务工作的处理上更加有科学理论依据，从而提高高校财务管理工作的质量和效率。

（三）财务系统业务管理流程再造

高校应该保证财务系统业务管理流程的有序进行，应该完善传统的财务系统业务管理流程，实现流程的再次革新，包括对账、结算以及收费三方面的流程。对于对账流程来讲，通过扫描设备将报账的数据资料以及费用依据直接传输到财务系统中，在财务系统确认后再将这些资料传送给相关的领导进行审核、批示。与此同时，报账人要将原始资料送交财务工作者进行保管，在领导审批后，财务系统会再次对提交的资料与原始数据资料进行审核，在确认无误的情况下，才会顺利进行网上支付。对于结算流程来讲，就是保障银行与高校之间建立紧密的联系，使高校实现在没有现金流的情况下能够有效运转。对于收费流程来

讲，在云计算技术的支持下，利用网络资源形成统一的收费路径，这样能够保证资金的有效保管，从而使高校收费严格按照标准执行，提高高校的自我控制力，减少收费过程中出现的不必要的麻烦。

总而言之，信息化手段的应用，为高校的财务管理工作带来了巨大的便利，使高校财务管理工作能够平稳有序地发展，避免了在财务管理过程中出现风险和麻烦，提高了高校财务管理工作的质量，加快了数字化校园的发展步伐。因此，高校要想实现数字化发展，就必须与时俱进，勇于创新，加大信息技术等手段在财务管理工作中的应用力度，才能实现发展的目标。

第四节　高校云协同智能财务报销模式

当前高校财务报销模式存在票据审核难、报销审批难、财务管理弱化等问题。高校可基于云计算技术，构建云协同智能财务报销模式，实现智能报销、在线审批和协同管理，从而优化财务报销工作流程，提高财务报销工作效率，提升高校财务管理水平。

随着高等教育的发展，高校经费呈现来源多元化和支出复杂化的趋势，高校财务报销工作量也随之呈现急剧增长的态势。同时，由于政府各级部门对经费使用的监管力度不断增强，对高校财务报销精细化管理提出了更高的要求。当前高校财务报销模式已不能满足财务报销工作和财务管理的需要。在信息技术蓬勃发展的环境下，高校应转变财务管理理念，利用信息技术，改革财务报销模式。

一、当前高校财务报销模式中存在的问题

传统的高校财务报销采用"窗口式"和"投递式"的报销模式。在窗口式报销模式下，报销人在财务部门的报销窗口排队审核报销票据，经会计制单、复核后，再由出纳转账或现金支付报销款项。窗口式报销模式由于需要报销人在报销窗口排队办理报销业务，对报销人来说极不方便，给财务人员也造成了极大的工作压力。为缓解报销压力，部分高校采用投递式报销模式，报销人将报销单据放进专用袋投递到财务部门，财务人员在特定时间内按顺序进行处理。这种报销模式用报销单据代替报销人排队，但仅能解决报销人现场排队的问题。

随着信息技术的发展，目前各高校逐渐采用网上预约财务报销模式，通过网上预约财务报销系统在网上预约进行财务报销。报销人在报销材料初审后，登录网上预约财务报销系统，按照规定填写并提交报销申请，通过网上预约财

务报销系统与账务处理系统和支付系统的对接，自动生成记账凭证并自动支付。

网上预约财务报销模式将报销人的线下排队变成网上预约财务报销系统线上排队，在一定程度上方便了报销人。由报销人通过网上预约财务报销系统选择经费项目，填写报销单据、收款人户名和账号等信息，在一定程度上也减轻了财务人员的工作压力。但网上预约财务报销模式仍存在很多问题，主要表现在以下几个方面。

（一）应用层

在网上预约财务报销模式下，财务报销使用的信息系统主要包括网上预约财务报销系统、账务处理系统和支付系统等。这些系统能实现线上排队、生成记账凭证和电子支付，但未能解决报销"票据审核难"和"报销审批难"的问题。

1. 票据审核难

报销票据的审核是报销工作的主要环节，也是报销人和财务人员产生冲突的焦点所在。在对报销票据进行审核时，财务人员不仅要对报销凭证的真实性和合理性做出判断，还要审核其合规性，即审核其是否符合政府各级部门及高校自身的相关制度和规定的要求。在当前的网上预约财务报销模式下，票据整理和审核工作由报销人和财务人员人工处理，由于政府部门及高校各级管理制度规定较多且复杂，报销人很难一次就能完整、正确地提供报销材料，必须经过反复修改和补充。在票据审核时，由于报销人对管理制度、规定不理解甚至误读，极易造成报销人与财务人员的矛盾和冲突。

2. 报销审批难

在网上预约财务报销模式下，报销审批在线下进行。由于各级政府对高校资金管理越来越严格，高校纷纷出台各种资金管理办法以规范资金的使用，资金管理办法往往要求报销需多个部门审批。如固定资产采购项目的资金，从申购到报销需要资产使用部门、资产管理部门、经费管理部门、财务部门等多个部门领导反复审批，如果金额较大还需分管副校长甚至校长审批。这些领导大多都是科研、教学、管理"一肩挑"，事务繁忙，找他们审批非常困难，报销审批往往耗费报销人大量的时间。

（二）管理层

在当前的网上预约财务报销模式下，财务人员的职能主要是会计核算职能，是业务发生后对其进行会计核算，而没有在事前和事中对业务进行管控。其原因有以下两点：其一，财务系统与其他部门的信息系统不相融合，业务数据和财务数据无法互通和共享，财务人员难以轻易获取业务信息，从而造成业务和财务相分离；其二，信息化手段的不足也使财务人员疲于应付会计核算工作，无法将精力投入财务管理工作上。

总之，当前的网上预约财务报销模式还需进一步优化。随着信息技术的飞速发展，各高校致力于探索通过信息技术手段解决财务报销难题。云计算技术是目前研究的热点和信息技术发展的趋势。基于云计算技术，构建一种智能化、多部门协同工作的财务报销模式是未来高校财务报销管理的一个重要趋势。

二、高校云协同智能财务报销模式设计

云协同智能财务报销模式基于云计算技术搭建财务报销管理云平台，通过智能系统的互联互通，将大量需要人工处理的工作交由信息系统自动智能处理。同时，各部门通过云平台协同进行报销管理，从而构建一种云协同的、智能化的报销模式。

（一）技术体系设计

云协同智能财务报销模式技术体系设计的整体思路是搭建财务报销管理云平台，打通信息孤岛，实现各业务部门、管理部门的资源共享和协同工作，在云平台上协同完成财务报销的智能审核、电子审批、电子支付、智能推送等工作。为了云平台的安全性，在云平台与各终端之间设置防火墙，对云平台的请求访问进行严格的验证。同时，在云平台中，设置严格的身份认证机制，对各部门的业务请求进行身份认证，确保访问的一致性。

（二）财务报销管理云平台设计

财务报销管理云平台是云协同智能财务报销模式的核心。该平台包含业务层、云协同中心、数据共享中心和底层基础设施四部分。

1. 业务层

在业务层，报销工作主要由账务处理系统、智能审核系统、预算管理系统、支付系统等财务系统处理。其他部门信息管理系统，如电子审批系统、人事管理系统、科研管理系统、教务管理系统、资产管理系统等负责协助报销业务事件处理，并进行协同管理。通过这些信息系统的协同工作，实现财务报销业务的智能审核、在线审批、自动支付和精细化管理。

2. 云协同中心

云协同中心为报销过程的协同处理提供支持。流程管理中心根据财务报销

业务类型定义协同工作流对象，消息服务中心为业务管控中心发送业务流转指令，业务管控中心根据指令对业务流转过程进行管控，数据交换中心为业务流转过程提供数据交换服务。通过指令发送、业务流转控制、数据交换，推动报销业务协同处理。用户管理服务、安全管理服务、访问控制服务、日志监控服务等为报销业务协同处理过程提供安全保障。通过云协同中心提供的服务，业务层各管理信息系统能实现互相对接，协同处理财务报销业务，并协同进行财务管理。

3. 数据共享中心

数据共享中心包括基础数据、业务数据、电子凭证、财税数据等。其不仅为整个报销管理过程提供统一的数据源，还可以为高校财务管理决策提供大数据支持。

4. 底层基础设施

底层基础设施包含服务器、存储系统、操作系统等，为整个平台的运行提供基础保障。

通过财务报销管理云平台，报销业务在业务层发起后，由云协同中心的流程管理中心进行流程定义，生成协同工作流对象，并根据其定义的处理过程，经过云协同中心的接口依次向各业务系统发起协同处理请求，实现财务报销业务事件处理和精细化管理。

三、高校云协同智能财务报销模式的应用

高校云协同智能财务报销模式将大量的财务报销基础工作交由信息系统智能在线处理，实现"智能票据审核"和"在线报销审批"，减轻报销人员的工作量。同时，通过各部门协同工作，促使财务融入业务，增强财务人员的管理职能，提高高校财务管理精细化水平。

（一）云协同智能财务报销模式的应用特点

云协同智能财务报销模式不仅能自动生成记账凭证、自动转账支付，还具有智能报销审核、在线报销审批及智能推送报销状态等功能。云协同智能财务报销模式的应用具有以下特点。

1. 报销凭证影像化

纸质的原始凭证和附件不利于信息系统提取报销凭证信息，在票据流转过程中也容易遗失。云协同财务报销模式要求报销人利用扫描仪或其他影像采集

设备，采集原始凭证及附件的高清影像信息，并将其上传至云平台。智能审核系统即可通过云平台提取凭证信息进行智能审核，财务人员和审批领导也能通过云平台远程审核和审批。

2. 报销审批无纸化

在云协同智能财务报销模式下，报销人不必持原始凭证和附件到现场等候签名审批，而只需登录云平台通过电子审批系统在线审批。这不但能减轻报销人和审批人的工作压力，而且由于在线审批权限的设置，也能降低冒名签字的风险。高校甚至可以建设"财务报销应用程序（APP）"，将财务报销的主要功能移植到移动端，使线上审批和移动审批有机结合。这样审批人即可在任何时间、任何地点登录 APP，利用电子签名的方式进行审批，从而解决在传统方式下因领导外出而导致审批暂时中断的问题，以缩短审批周期。

3. 报销模式智能化

财务报销模式智能化体现在报销流程的智能化推送、报销审核智能化和智能推送报销状态三个方面。

第一，报销流程的智能化推送。由于报销工作程序较复杂，经验不足的报销人往往无从下手。在云协同智能财务报销模式下，不管是提交材料、票据审核、报销审批还是转账支付均由信息系统智能处理，或由系统推送给相关责任人，由责任人依据系统提示在云平台上进行处理。

第二，报销审核智能化。为方便师生报销，一些高校财务部门根据财务报销管理制度和规定制定出《财务报销指南》，《财务报销指南》总结了不同报销类型需要的材料、开支标准和审核要点等信息。智能报销系统可把《财务报销指南》信息化，根据不同报销类型设计相应的审核模块，将大多数标准化、常规性的审核工作交由审核系统智能审核，少数的非标准化、非常规性的报销工作由财务人员人工审核，构建一种以系统智能审核为主，财务人员人工审核为辅的报销审核模式，从而提高财务报销的自动化、智能化和标准化水平。

第三，智能推送报销状态。财务报销系统处理报销工作时能实时记录报销工作的每一个流程，在报销工作有进展时即向报销人推送报销状态，并能在支付成功时向报销人发送提醒信息。报销人也可随时登录综合查询系统查询报销状态。

4. 报销管理协同化

在云协同智能财务报销模式下，各部门可利用云平台调取相关数据信息，协同处理报销事宜。通过云平台，高校各部门还可协同进行财务管理。如科研经费的预算编制和调整，将科研管理部门的科研管理系统直接对接到综合查询系统和账务处理系统，即可形成预算控制，而无须两个部门进行重复工作；通过资产管理系统与综合查询系统的对接，报销人可充分利用学校闲置资产，提高资产利用率，减少国有资产浪费等。

除高校内部部门间的协同外，云协同还可以扩展到更大的范围，如票据的查验。目前很多高校都需要报销人进入国家或省市的票据查验网站查验发票的真伪，金额较大的还需打印出查验结果用作附件。通过智能审核系统和票据查验系统的对接，报销人在提交票据信息后，财务报销系统即刻能调取票据查验信息，查验通过的即可进行下一步操作，查验不符合的则不能进行下一步操作。

总之，云协同可突破空间限制，数据一次录入便能重复使用，避免了重复劳动，大大减少了报销人及相关工作人员的工作量，提高了财务报销工作效率。数据的直接对接，使报销信息的正确性和及时性也更能得到保证。同时，通过协同管理促使业务与财务相融合，可提升高校财务管理水平。

（二）云协同智能财务报销模式的运作流程

云协同智能财务报销模式充分利用信息技术手段对高校财务报销流程进行整合和优化。

报销人远程登录个人信息、选择报销项目后，即可根据系统提示上传报销所需的原始凭证和附件的图像资料。资料经系统智能审核及财务人员通过云平台线上审核后，自动推送给相关责任人在线审批。审批后，智能审核系统自动生成报销凭单，账务处理系统自动生成记账凭证。报销人将相关原始凭证和附件、报销凭单等材料交予财务人员，由财务人员对系统自动生成的记账凭证进行确认，经出纳复核后自动转账支付。在支付成功后报销人将收到系统提醒，同时报销人也可登录云平台随时查询报销信息。下面以差旅费、低值易耗品类和固定资产类三种不同业务形式为例，对云协同智能财务报销模式的报销流程进行说明。

1. 差旅费报销

在云协同智能财务报销模式下，报销人输入职工号和密码等个人信息登录智能财务报销系统，选择经费项目，进入差旅费报销模块，根据提示扫描车票和住宿费发票等材料，智能审核系统自动提取出差时间、地点及交通、住宿金额等信息。同时，报销人根据从人事部门的人事管理系统中调取的出差人出差审批信息和职称、职务信息，智能核算出允许报销的城市间交通费、住宿费金额及伙食补助、市内交通补助等补助金额。审核完成后，相关责任人在电子审批系统中在线审批。随后账务处理系统自动生成记账凭证,智能审核系统生成报销凭单。报销人将纸质交通、住宿发票等报销材料和报销凭单交给财务部门审核、复核后自动支付。整个报销流程同步推送到综合查询系统,供报销人查询。

2. 低值易耗品类报销

在云协同智能财务报销模式下,低值易耗品类报销时,需先到资产管理部门办理低值易耗品入库手续,再凭发票和入库单等凭证报销。实际报销工作中,很多报销人并不清楚购买的商品是否需要入库,他们往往到财务部门审核时才被财务人员告知需要到资产管理部门办理入库手续。在云协同智能财务报销模式下,报销人登录智能财务报销系统,扫描发票信息后,智能财务报销系统会自动将其推送到资产管理系统进行入库登记,再通过资产管理系统与财务系统的对接,生成记账凭证并自动支付。

3. 固定资产类报销

在固定资产采购前,报销人、管理人员可通过云平台查询学校固定资产闲置情况,判断资产采购的必要性。对确有必要采购的资产,在资产管理系统中提交采购申请,经相关责任人在线审批后进行采购。在固定资产报销时,通过资产管理系统与财务系统的对接,自动生成记账凭证并自动支付,无须报销人重复提交材料、重复审批,还能保证固定资产账账相符。

除此以外,其他类型的报销,如讲座费、实验材料费等,均可登录智能财务报销系统,由智能财务报销系统相关审核子模块智能审核,并由相关部门协同审核,实现报销审核智能化和标准化,防范和减少矛盾及人为操作错误等风险,提高报销的工作效率,提升财务管理水平。

四、高校云协同智能财务报销模式应用中应注意的问题

云协同智能财务报销模式的基础是信息技术,由于网络安全等原因,在应用中应该注意以下问题。

(一)财务报销管理云平台的安全性

财务数据是高校的重要数据,财务数据的丢失、泄露甚至被恶意篡改会给高校造成巨大的经济损失,因此高校必须重视财务报销系统的安全性建设。构建财务报销管理云平台时,要严格用户的身份认证和权限管理,避免认证入口被非法入侵。考虑到财务数据的保密性,还应将财务数据加密保存,通过客户端加密数据,再将数据存储到"云"中。此外,高校还必须加强广大教职工的

网络安全培训，提高教职工的网络安全意识，在云平台的日常使用中保管好账户信息，使用防火墙并定期清查病毒，保障云数据的安全。

（二）财务报销系统的非标准化

由于各省市甚至各高校都有不同的财务管理制度及规定，各高校财务报销的票据审核手续大相径庭，没有可以直接拿来使用的标准化的产品。财务报销系统的构建需要高校结合本单位内控程序和业务流程去开发适合本校的财务报销系统，并根据财务报销制度的变化及时更新系统。

（三）系统的协同工作

目前高校各个职能部门都采用其各自的管理信息系统，这些系统相互独立，互不兼容，彼此之间缺少关联，容易形成信息孤岛。而基于云协同的高校智能化网上财务报销体系需要在报销工作进行时能顺利调取高校各部门，甚至国家、省市行政部门等的信息，其构建需要高校部门层面的协同，甚至需要国家、省市层面的协同。

随着信息技术的发展，云计算技术在高校财务管理方面的普及应用是大势所趋。通过构建财务报销管理云平台，构建云协同智能财务报销模式，能够优化财务报销流程、提高财务报销工作效率，促进业务与财务的融合，提升高校财务管理的精细化水平。

第五节　云计算背景下的高校财务管理流程再造

随着移动互联网的快速发展，现如今已经进入云计算、大数据信息时代，互联网云技术被广泛地应用到我国各行各业的经济发展中。在该技术的渗透和助力下，我国呈现出崭新的经济形态，进一步促使我国经济高速发展。高校作为社会经济中的一种特殊经济主体，其财务管理流程也应该随着信息技术的发展进行相应的改革和创新。本节通过分析当前高校财务管理流程的现状和存在问题，结合企业财务与业务流程再造理论，分析高校实现财务管理流程再造的具体措施和实施方案，以期对高校财务改革提供一些参考和帮助。

云计算互联网技术发展使我国进入互联网共享经济发展阶段，2019 年我国政府积极推进建设社会各阶层、各行业的数字信息平台，大力促进共享经济发展，互联网平台已经逐渐发展成为我国国民生产和生活的重要经济和基础支撑。据中国互联网络信息中心（CNNIC）第 44 次统计结果显示，截至 2019 年 7 月，我国网民人口已达到 8.54 亿，网民普及率达到 61.2%。从这些数字中我们可以很直观地看出互联网技术与我国国民经济和生活联系的紧密程度。在当今信息技术环境下，高校财务管理还处于传统的处理方式阶段，财务管理理念相对落后，财务工作效率相对较低。目前高校财务管理工作亟须跟上时代发展步伐，引入先进的现代信息处理技术，以促使高校发展能够适应时代发展。

一、当前高校财务管理流程的现状和不足

（一）当前高校财务管理尚未实现数据信息高效共享

高校作为特殊的一种经济主体，其财务核算工作与普通企业和政府事业单位财务核算工作区别较大。互联网云技术的发展为普通企业和大型集团公司实现财务共享提供有力的技术支持，使其通过采取高效的财务处理方式提高工作效率。目前高校的财务管理信息系统处于封闭发展的阶段，会计信息发展滞后，相关数据的获得效率较低，尚未实现数据信息高效共享。所以，创建财务信息共享平台是高校财务管理流程再造的发展方向之一。

（二）当前高校财务部门信息处理缺乏规范性、有效性

高校财务部门会计核算工作通常涉及账务处理系统、固定资产管理系统、工资管理系统、学生收费管理系统、后勤管理系统等，涉及多个部门的数据信息的交流和传递。现有的财务信息管理系统仅包括财务部门的数据核算，财务报销和审核制度不透明，涉及教师课时统计和考勤统计、差旅费报销、经费申报等工作信息传递不通畅，导致财务部门信息处理缺乏规范性、有效性，工作效率较低。

（三）当前高校财务核算未能充分利用互联网技术

一般来说，高校财务核算主要涉及会计核算科、经费预算科、财务结算科、财务综合科和后勤核算科等。高校财务部门财务核算工作分配不够明晰，各部门相互独立，缺乏有效沟通，同一项数据信息由不同部门重复处理，缺乏统一的数据处理标准，财务信息管理水平较低。

二、对于云计算背景下的高校财务管理流程再造的若干建议

随着互联网技术的发展，越来越多的高校逐渐建设成为信息处理快捷、高效的数字化校园，移动互联网办公自动化（OA）办公系统逐渐进入高校校园的办公系统中，极大地提高了办公效率。高校财务系统属于数字化校园信息化

管理系统的分支，校园中师生使用的"一卡通"和网上银行，以及其他移动支付方式，为学校行政办公、教学管理带来了很大的便利。高校财务管理流程需要经过更新改造才能更好地融入数字化校园综合管理系统中，因此高校传统财务管理流程面临挑战，高校财务管理流程进行专业改造成为一种必然的发展趋势。本节结合高校财务管理流程现状和存在不足，借鉴企业财务管理流程的先进经验，提出以下关于高校财务管理流程再造的一些建议，以期对高校财务管理流程的改革有一定的参考意义。

（一）建立互联网财务管理流程处理平台，实现数据信息高效共享

互联网云技术与高校各项具体业务相融合为高校财务管理流程更新改造带来新的发展空间。信息技术的引入将能够实现高校内部各个职能部门信息处理系统与高校财务系统的有机融合和统一，实现信息的实时同步共享，这就需要建立一个现代化的数字校园信息中心。利用互联网技术优势，建立一个统一数据标准的高校综合管理信息平台，利用该平台为高校财务系统提供基础业务数据。高校还可以创建一些自主服务平台以便各项基础数据的录入，在互联网技术的支持下，对大数据进行财务分析，并将数据及时传递到相关查询系统，为信息使用者提供高效便捷的服务，实现数据信息的高效共享。

（二）优化财务部门组织结构，促进不同部门间信息的高效传递

在互联网云技术的支持下，建立现代化高校财务系统可以实现财务管理流程与职能部门业务流程相融合。当前，大多数高校财务部门主要具备业务预算、会计核算和综合管理三个业务职能，人事部门、教学单位、教务部门和行政部门的一些业务存在基础数据重复处理的情况。财务部门应该进行扁平化结构调整，有助于信息化管理模式从垂直式处理模式向网络交互式方向发展，不同部门业务数据实现实时共享，促进不同部门之间信息的高效传递。

（三）提升财务人员专业技术水平，优化财务管理流程

在当今经济生活中互联网云技术已经渗透到各行各业，高校财务管理流程的再造不仅需要硬件方面的更新，更重要的是需要提升财务人员的专业技术水平。在新的财务管理平台上，要充分发挥现有的财务系统的优势和作用，进一步优化财务管理流程。在信息化技术背景下，财务管理职能已从传统的财务会计核算职能向管理会计职能转变。高校应该加强财务人员专业培训，培养高素质的管理会计人才，发挥管理会计在加强预算绩效管理和经济决策分析、评价

管理效益等方面的积极作用，以适应互联网技术给财务工作领域带来的挑战。

高校财务管理流程的更新改造是一个系统性的过程，在实际的管理工作中能否得到有效运行，会受到多方面因素的影响。如高校内部包含教学、行政、教务和后勤等多个部门的协调配合程度；财务部门会计专业人才专业技能、业务能力和综合职业素质等等。要达到理想的运行效果，需要学校领导从多个方面进行统筹分配和调度，还需要加强财务人员业务技能、预算管理、采购管理、信息技术等多方面的专业技能培训。高校财务管理流程的改造不是一蹴而就的，也不是一劳永逸的，在财务管理流程运行过程中，要不断进行更新和调整，财务管理流程更新改造的最终目标是，高校通过计划、组织、执行、控制、反馈和业务综合一体化的管理过程，使得其资源得到最优配置和利用，实现其资源效用最大化。

第六节　基于云计算的高校财务绩效动态评价模式研究

随着国家对高等院校教育体制改革的不断推进，教育质量得到了不断的提高，高等院校的投资规模不断扩大，经费也越来越多。因此，财务管理在高校中的地位也逐渐提高。教学资金投入和经济活动的多样化，需要高校建立一个客观、系统、规范、有效的评价体系，科学地评价高校教育资源的使用状况和收益状况。如何更好地有效配置高校资源，这就要求高校重视财务绩效评价的工作，对自身的财务状况和运营情况有深入的了解和掌握。因此，高校需要构建一套合理、完整、严密、动态的绩效评价体系，运用现代科学的方法和管理手段对财务状况进行分析和管理。

一、云计算与高校财务绩效评价的理论基础

美国国家标准与技术研究院（NIST）对云计算的定义："所谓云计算，是通过一种允许用户使用可靠便捷的、到处都能获取得到的、按照用户需求来获得的网络接入一个涵盖了网络设备、服务器、存储、应用等的可动态配置的计算机资源共享池（其中包括了网络设备、服务器、存储、应用以及业务），并且以最小的管理代价或者业务提供者交互复杂度即可实现这些可配置计算资源的快速发放与发布。"云计算作为新一代计算模式的发展方向，不但能提供便捷快速的服务，还能降低资源使用成本，进行大规模数据处理、挖掘工作。随着云计算信息技术的高速发展，大数据、物联网、可扩展商业报告语言（XBRL）等新兴技术逐步扩大应用，给高校财务信息化工作带来了机遇，也为高校财务

绩效评价提供了技术创新。

财务绩效评价是会计主体以各类财务指标为前提对本单位的财务状况、经营成果进行整体的科学考量和解析，并将评价分析得出的结论和计划进行比较，以此作为衡量经营现状优劣的评判标准，对财务状况和经营方向的未来发展能起到一定预测作用。高校财务绩效评价建立在经济学、财务管理学的理论基础之上，结合高校实际的财务状况，运用规范、科学的方法，按照绩效的评价标准来反映高校教育资金的投入与使用效率、产出效益和社会效果，是对高校财务管理活动的过程和结果系统、客观、公正的衡量、比较和综合的评价。然而，要做好高校的财务绩效评价工作，除了兼顾科学性、可比性、标准化地选取可操作性评价指标外，还需要动态跟踪、及时获取评价信息来完善高校财务绩效评价体系。这样才能使高校发展和经营环境、社会经济发展相协调。

二、高校财务绩效评价体系的现状

在我国，高校财务绩效评价还处于发展阶段。很多高校都非常重视财务管理，但却较少注重绩效管理，认为绩效评价也只是对财务管理的事后总结与评估，没有正确认识其在管理过程中的引导、分析和预测、决策功能。一直以来，很多高校财务绩效评价重视资金投入却不重视效益，重视资源分配却忽略了评价监督，造成了高校在日常运行中出现了教育资源配置不合理和有效利用率低、教育支出不均衡等一系列的问题。

高校财务绩效评价中仍然存在以下一些问题。第一，评价对象不清晰，目标不明确。在高校财务绩效评价中，高等教育的投入、产出与效益等是高校财务绩效评价的主要内容。很多高校财务绩效评价没有明确以战略目标为核心并为之服务的绩效目标，进而没有明确评价的方向。在评价对象上含糊不清，设计笼统，没有细化评价客体，所以造成了评价效率较低，得不到真实客观评价的结果。第二，财务绩效评价体系不完善。财务绩效评价体系是由评价机制、评价指标、评价标准、评价方法四个部分组成的。大多高校的财务绩效评价制度、激励机制等还未健全，缺少综合性、规范性和科学性，没有起到绩效管理的推动作用。绩效评价指标不能充分合理地体现全面财务管理水平，也没有考虑到一些非财务指标要素，没有兼顾到定性指标与定量指标相结合，指标口径不统一，评价标准不统一，在绩效评价过程中无法执行数据对接，评价方法也不恰当，没有兼顾实操性与计量的规范性。第三，缺乏有效的财务绩效评价监督机制。部分高校进行财务绩效评价时忽略了监督机制的建设，无法形成一个良好的制度环境和组织环境。也正因为缺乏一个系统的管理监督体系，财务管理制度和监督机制不健全，容易在财务绩效评价过程中出现较大的漏洞。脱离了绩效管理核心，内部监督控制也无法满足其自身的实际需求，不利于及时反馈和纠正评价结果，对财务绩效水平的提升也有影响。因此，需要建立一套完善的财务绩效评价体系，才能对高校绩效评价进行全面的管理。

三、云计算对高校财务绩效管理的影响

（一）促进了高校财务绩效管理的标准化

目前，许多高校建立了校园局域网，同时引进了各种部门管理系统，如教务处的教学管理系统、人事处的人事信息管理系统、资产管理处的固定资产管理系统。这些系统各自独立，没有统一的数据标准，信息无法实现沟通交换，造成管理信息不对称、无法共享数据、资源浪费、信息孤岛等现象存在，使得高校财务信息化建设遇到重重障碍，高校财务绩效管理也无法准确衡量。在高校云计算中，不同部门的业务系统可以共用一个大的资源池，资源池容量可适时调整，还可以对资源进行实时合理分配，提高资源利用率，实现绿色计算。因此，云计算可以通过高校财务信息门户系统集成整合，挖掘潜在有用的数据。由于信息使用的部门及人员是动态变化的，所以这一切通过"云"实现，对标准化的数据进行统一灵活运用，既降低了管理部门协同的复杂程度，又促进了财务绩效数据的标准化进程。

（二）降低了高校财务绩效管理的成本

虽然大部分高校都进行财务信息化的改革，摒弃了手工会计方式，但会计电算化发展到今天，各高校都通过局域网，配备服务器、交换机、工作站等设施，自行开发本校财务软件或选择外购专业财务软件进行财务管理，使得软件运行维护、更新改造费用开支不少，大大增加了财务信息化管理的成本。云计算服务商将提供几十万台服务器，为云计算提供强大的支撑平台，足以适应高校的业务量增长和工作需要，同时可以减轻经济负担和降低经济风险。通过 SaaS（软件即服务）模式或 PaaS（平台即服务）模式租用其平台或"云"，可减少重复购置成本，缩减开发运行周期，减少运行和维护费用，节约人力成本和管理成本，降低高校财务绩效管理的资金成本和时间成本。

（三）加速了高校财务绩效动态评价模式的转变

目前，许多高校财务绩效核算数据主要来源于财务管理系统，财务核算信

息要比业务信息滞后，导致高校财务绩效评价没有及时客观地体现其财务现状与经济效益，因此也无法准确地反映高校财务管理水平，更不能为高校发展提供快速有效的决策支持方案。而云计算与财务管理信息化的结合，可以把数据传感体系、智能识别体系等新技术融入财务管理平台，使电子发票、增值税发票、合同等实现原始单据无纸化处理，会计档案电子化存储，教学设备、资产使用状况、校企产业收益等信息流均可以同时获取，能够从云端动态计算评价高校财务绩效水平，与时俱进，从而在不同的绩效周期仍然可以进行评价、监督、调整，进行动态有效的资源配置，满足高校财务管理的需求，推进高校财务绩效动态评价模式的转变。

四、基于云计算的高校财务绩效动态评价模式的建设

基于云计算构建高校财务绩效评价体系的核心是将高校财务绩效与其战略目标紧密联系，设计一套适合高校的综合财务绩效评价框架，结合高校特色的财务指标信息和非财务指标信息，构建完整规范的高校财务绩效评价指标体系，利用云计算技术建立一种新型的高校财务绩效动态评价模式。

（一）高校财务绩效评价框架设计

高校财务绩效评价框架是由与高校财务绩效评价相关的要素构成的，是结构化数据与非结构化数据相辅相成的有机整体，为更好地开展财务绩效评价工作，提供更优的绩效管理。其意义在于通过对相关财务绩效指标的监测，来节约教学投入成本、提高学校资源利用率，实现高校战略目标。而设计最优的高校财务绩效评价框架，是财务绩效评价体系建设的首要工作，是改进财务支持决策，提高高校资源配置效率，以服务社会的重要一步。因此，围绕高校财务管理的工作职能和任务，根据预算、资金运营、资源优化配置、综合实力、短期效益及高校远期发展目标等，得出高校须以战略为导向从预算绩效、资源配置、综合绩效、发展潜力四个维度来评价其财务绩效，构成高校财务绩效评价框架，从而指导下一步的高校财务绩效评价指标体系建设。

（二）构建高校财务绩效评价指标体系

在设计完高校财务绩效评价框架后，高校必须根据框架的预算绩效、资源配置、综合绩效、发展潜力四个维度分解绩效评价的目标并建立合理有效的具体指标，还要建立一套相对完整的、规范的高校绩效评价的制度和指标计算方法，明确指出绩效评价的对象、内容、分值和权重，从而正确计算高校财务绩

效评价结果。在构建高校财务绩效评价体系的过程中，高校要遵循层次性和整体性相配合，长期目标与短期效益相结合，定性指标与定量指标相辅相成，可比性与操作性相协调的原则，使得评价指标客观、公正、科学、系统地反映其财务管理现状，满足财务资源有效配置的需求。高校实行的财务绩效评价主要是考核教育资源使用的科学性和规范性，资金的投入和产出比例是否合理，能否达到预期效果，能否符合高校的发展目标。所以，建立一套严谨的高校财务绩效评价体系不仅可以提高教育经费的使用效率和优化教育资源的合理配置，形成一种以绩效为核心的观念，而且有利于制定出更科学的预算方案，使资金的分配和使用能得到有效的控制，以进一步降低成本。

（三）基于云计算的高校财务绩效动态评价管理流程设计

大数据时代，高校财务管理信息化以会计管理信息系统为基础，云计算管理为核心，将计算任务分布在大量计算机构成的资源池中，使各种应用系统能按需获取计算力、信息决策资源。基于云计算的高校财务绩效动态评价模式的必要工作是规划重塑标准化的财务绩效管理流程，提高其财务绩效动态评价的处理能力，优化配置高校人、财、物等各项资源，充分实现财务管理从会计核算型向决策服务型过渡，促进高校管理实现规范化。基于云计算的高校财务绩效动态评价管理流程设计如下：绩效管理目标制定—业务数据流采集与加工—应用数据指标评价与分析—动态绩效预警与监督。

第一，绩效管理目标制定。高校要进行长效的教育机制改革，实现其财务管理职能，就必须要发挥高校绩效评价的导向作用，制定合理的、适当的绩效管理目标，实现对绩效管理流程的全程掌控，提高财务绩效评价的效率，逐步形成以绩效为导向的资源分配方式，优化教学投入产出比率。绩效管理目标制定是通过先进的云计算管理模式，利用虚拟化技术将各种内外部数据整合到一起，根据高校的战略目标评估分析、确定当前高校的绩效管理目标，进而科学、合理地完善各指标体系的执行目标，为高校财务绩效评价提供充分的依据，使得高校各部门紧密围绕绩效管理目标展开工作，大大提高学校管理效能。

第二，业务数据流采集与加工。高校可以通过云计算 SaaS 模式或 PaaS 模式扩大财务信息的采集与储存范围，对高校财务系统、资产管理系统、教务管理系统等相关业务部门信息进行加工，做到财务信息与非财务信息相结合，内部信息与外部信息相结合，并将各种业务数据流进行融合与关联分析，实现"数出一门，统一口径，资源共享"，拓宽价值流、业务流的路径，为高校财务绩效的实时评价提供基础结构化数据。这种以云计算服务模式为依托，以财务管理资源为核心，利用专业的系统模块，实现突破个体界限，整合高校资源，建立完善的公共数据平台，解决了绩效评价的数据对接问题，兼顾了实操性和计量的规范性、可比性，实现了各单位部门的实时沟通、协调与信息共享。

第三，应用数据指标评价与分析。在云计算技术背景下，高校结构化数据与非结构化数据的应用处理更加智能化、动态化和自动化，使得财务绩效评价应用指标的数据挖掘更加容易，因而可以根据给定的目标从海量数据中挖掘潜在的、有用的信息，并容易被人理解，以可视化的形式充分展现出来，提供庞大的信息分析功能。云计算平台会将第二流程的业务数据加工程序的数据按高校财务绩效体系分配给指标计算资源池，分别计算 4 个一级指标、10 个二级指标、33 个三级指标的结果，并且按照各指标的 4 个维度取值与权重进行计算，得出最后的绩效评价结果。在对绩效评价结果全方位评估分析后，提供出完整的、高质量的财务报告及信息使用者所需的、不同的财务决策方案。在云计算环境下，利用财务绩效评价指标分析其绩效管理的实时变化，在绩效指标较低，目标未达到或绩效指标过高，超出目标过多的情况下，高校可通过分析原因和参考决策方案来适当调整、指导其绩效管理工作，并科学管理各部门绩效。

第四，动态绩效预警与监督。综合应用云计算的高校财务绩效动态评价模式，是一个系统的管理监控体系，其可以按照使用者的不同要求自选查询口径随时生成财务报表。云计算的可扩展服务可减少信息使用成本，提高信息披露质量，有利于监管者及时获得高校财务数据反馈，加强财务绩效管理，大大提高了业务信息的时效性，实现了财务信息的动态核算，突破了信息传递迟滞的瓶颈，也避免了人工主观因素的干扰，保障了高校绩效管理的实施效果。一旦财务绩效数据发生异常或与实际执行目标发生偏差，系统会发出预警信息，提示出错原因，并跟踪后续绩效进展情况，动态、及时地对高校各管理部门的绩效信息进行反映和记录，形成一个良好的内循环监控系统，有利于绩效考核和激励的组织环境，以此达到加强监督、客观评价、提高资源使用效率的目的。

高校基于云计算的财务绩效动态评价模式建设，能够不受时空和评价主体的主观约束与限制。利用云计算的技术，使得采集和加工各种数据更加标准与专业，评价对象更加精细化。基于云计算的高校财务绩效动态评价模式是新的流程再造，通过共享服务实现数据挖掘，智能化、科学化地对绩效评价管理全方位评估分析，从而使得高校财务管理从分管层面提升到动态管理与支持决策层面，优化资源配置服务，提升了高校综合能力，突出其办学特色，有利于促进教育事业的发展。

第三章　大数据技术与高校财务管理

第一节　大数据时代的高校财务管理现状与模式变革

伴随着移动端的兴起和物联网的不断升级，"大数据"一词正逐渐被人们所熟知。2010 年以来，中国逐步将物联网技术应用于国家部门，自此迎来了一个新时代——大数据时代。大数据的应用对于各行各业的影响已越来越明显，近几年已由 IT 领域扩展到其他领域。但是其在高校并没有很好地发挥作用，特别是对于高校管理的核心——高校财务管理而言，更是亟待有效结合。大数据时代到来的同时，也使高校财务管理有了新的契机和挑战，各大高校应该看清财务管理新环境，不断寻求自我突破，顺应大数据发展，实现财务管理变革。

一、大数据时代高校财务管理现状分析

近几年，在大数据时代到来的同时，国家进一步对高校放宽政策，高校办学和经营的自控权加大，其财务活动朝多样化、复杂化发展，其财务管理建设也进入攻坚时期。而财务管理又是高等学校有效运行和寻求发展的重要方面，大数据运用与高校财务管理若不及时有效对接，势必影响高校财务管理效率和服务质量的提高。

目前，我国高校财务管理系统比较落后，所采用的企业资源计划（ERP）等信息手段大都属于事后处理。众所周知，事前和事中控制更能起到管理的作用。而传统的高校财务管理模式已经不适应大数据背景下的要求，以至于高校财务管理出现了各式各样的新问题。可以说，当代高校财务管理环境对高校财务工作提出了更多层次、更高标准的要求，在此环境下提升各项数据的处理及应用水平，对高校财务管理工作来说变得日益迫切和重要。

财务软件不能满足当代高校财务管理要求。会计信息系统的出现，将财务

人员从繁重的传统手工记账中解放出来。传统手工记账中的基础财务数据均是由财务人员对原始凭证的"翻译"而实现的，收集到的数据经过二次加工，再根据相应需要进行传递和汇总形成数据库。这一数据库中主要为结构化数据，现有的会计信息系统已能很好地支持此类数据所属的财务工作，而非结构化数据的价值往往被忽略，巨大的数据源中的丰富价值没有被充分挖掘，造成信息不对称，经济业务全貌没能很好地展现。比如，高校教研人员采购设备后，财务部门根据发票遵循真实性原则登记入账，但此过程不能反映购买价格变动的原因，是采购人员和供应商利益协调结果，还是市场发生新的变动。又如，对学生缴费与否虽然可以直接获取信息，但高校无法通过财务数据查找原因，不能对学生准确分类和评价，也不能判断是否为恶意欠费，给高校财务管理带来了难题。由此可见，传统单一的数据整合方式与高校财务管理的长远发展目标不相匹配，现有的财务软件不能满足当代高校财务管理的要求，高校亟须一个将结构化数据与非结构化数据统一整合的渠道。

财务管理模式亟待变革。随着数据规模的不断扩大，通过大数据的管理和应用，一些商业企业已经逐步将大数据技术同企业活动相互关联并取得一定成效。但高校由于诸多原因，未能利用好大数据下的"大财务"。高校财务管理模式在会计核算、财务控制、财务决策支持几个层面均有缺陷。当前，许多高校的财务流程仍把工作重点放在事后保障、事后算账中，财务部门和其他相关部门缺乏及时有效的沟通。虽然引入了信息技术进行预算编制、财务分析、资金管理等工作，但工作质量并没有得到显著提升，甚至出现财务失控的现象。况且，高校财务报告主要倾向于服务国家教育部署，很难反映真实的办学竞争力。外部大环境的变化和高校自身财务管理模式弊端的双重压力，加之很多高校财务人员的大数据应用能力不强，形成了高校财务管理工作效率较低的困境。

财务数据服务水平不尽如人意。基础数据是高校财务管理工作的源头，基础数据的有效处理无疑是财务管理工作的重要保证。但是，高校在基础数据的收集、筛选、辨别方面仍不能达到全面高效的水平，海量的数据价值密度低，财务与非财务数据并存，给这一环节带来了诸多挑战。同时，由于高校财务数据多、财务管理流程复杂，经过加工的二代数据在其流转传递过程中财务信息损失的可能性没有被充分考虑到，不符合当下对财务信息的综合性要求。另外，在数据的披露与输出环节，高校财务管理部门只关注财务分析报告的输出，往往忽略了获取数据使用者行为结果的反馈，以对自己提供的财务数据的形式和内容做出调整。要满足大数据时代下高校对财务数据更广泛的需求，必须对财务数据服务进行变革。

二、大数据时代高校财务管理模式变革

大数据以猛烈的态势向各行各业袭来，也必然给高校财务管理注入新的生命力。大数据时代的到来为改善我国高校财务管理的现状提供了可能性。我们以此为契机，为高校财务管理模式的变革提出以下几点建议。

（一）运用大数据技术辅助财务软件

在一项经济业务中，原始凭证为已经发生的事件保存了较为详尽的信息。而会计信息系统应用于财务管理之后，反而突出了一些弊端，如原始单据、合同、影像等非结构化财务数据无法在数据库中反映出来，这些数据背后的价值也被忽略。在结构化数据处理系统形成一定模式的条件下，立足于高校财务管理的长远发展，为了打破传统会计信息系统的局限，运用大数据技术对结构化和非结构化数据进行筛选，同时注重数据的共享与兼容，将成为解决这一问题的有效途径。在大数据时代，有效利用数据仓库、数据计算、数据架构和数据共享等技术，把分散储存在各个部门数据库的结构化和非结构化数据相互关联，运用工具重新整合分析，组建相应的绩效评估小组，对各项资金投入以及财务政策做出客观的分析，最终出具财务分析报告。这将更好地服务于财务分析报告的使用者和决策者，财务管理也能在高校发展过程中越来越受重视。

上文对高校财务管理现状分析中学生缴费的实例，就可以很好地用大数据技术解决。运用决策树归纳算法，并针对其缺陷进行一定程度的改进，可以得到有关学生缴费、欠费的最终决策树。之后，根据学生不同的缴费与欠费情况，准确判断出学生是否为恶意欠费，并及时做出相应决策，使高校财务管理工作有序进行。

因此，对于高校财务管理的其他方面，同样可以由专业人员设置合理的大数据应用方案，逐步从单一的财务管理体系向综合财务管理体系转变。

（二）探索高校财务管理新模式

既然决定引进大数据技术，就要做到物尽其用。在财务管理模式更新上也大可应用，以减少此项举措在软硬件设备更新和淘汰上带来的投入浪费和重复建设。针对高校财务管理事中控制薄弱的问题，建立财务实时共享平台，将高校内部各学院及职能部门数据和接口标准统一。比如，同一信息在不同部门处理时，按照同一数据规则进行转化，使得各部门间能及时进行数据共享和交换，减少资源浪费，并实时全面掌握财务动态。以往有过用友公司为我国交通运输企业提供财务共享服务方案并取得成功的案例，高校也可建立财务共享平台，

以对其经济业务实行精细化、准确化管理，有效减小财务失控风险。比如，对科研经费，从申请立项、预算、审核，到最后经费支出，财务部门都应严格审批，要对实际业务信息准确核实，避免因核实不到位而引起财务问题。大数据时代的财务人员，必然需要具备更大的知识储备和更强的专业技术能力，有时甚至需要实时分析数据价值能力。这就要求财务人员除了扎实的财务管理基础之外，更要更新自身知识体系，深入了解大数据的内涵和发展情况，掌握财务大数据的处理能力和技术。不仅如此，高校管理层也要看到大数据技术的重要意义，培养大数据管理意识，定期请专家对财务人员进行培训，建立复合型财务管理团队，以期能够有效地收集、整理、分析数据，并从中提取关键信息，再对其进行数据加工，使大数据管理参与到财务决策中。

（三）提高财务数据综合处理水平

高校财务管理工作在时效性上有所欠缺，一个重要的原因就是无法对基础数据进行快速有效的分析。大数据技术的特点就是能够对数据进行集中的处理和分析。第一，做好基础数据的收集后，应根据基础数据的完善程度，建立相应的基础数据库，重点做好基础数据的管理工作；第二，利用统计产品与服务解决方案软件，对基础数据进行统计分类，并对每一类数据总结特点、精准定位，提高财务数据质量，并关注财务与非财务数据的归类，将非财务数据中的关键信息筛选整合，弥补财务数据只能表达货币数字的不足。

经过筛选的数据，在加工过程中要严格把控有效信息的流失，建立完善密集的数据传递中心，形成统一规范的数据传输机制。最终输出财务报告后，更要保证持续性追踪服务，与报告使用者的行为决策或反馈信息关联分析自己输出的财务数据在内容和形式上的缺陷，或是向报告使用者提供更为全面的数据证明。

需要注意的是，大数据应用的风险与机遇并存，高校作为社会公共服务性质的单位，财务数据又是极为敏感的数据，因此要有数据安全意识，在数据处理的各个环节，结合会计信息系统的经验，合理设置使用权限，为高校财务数据管理保驾护航。

第二节 大数据时代高校财务管理信息系统构建

信息时代的到来改变了人们的生活方式，改变了各行各业的工作方式，在这样的环境中，高校财务工作模式也发生了转变，工作范围有了明显的扩大与延伸，信息需求也在不断增加，超出了传统会计界定的范围。这就要求高校管理部门运用"大数据"的思维与技术科学构建高校财务管理信息系统，创建科学的绩效评价指标体系，防范与监控财务风险，优化办学资源，提升高校管理水平。

"大数据"带来了传统信息工业的变革。由于高校间竞争的加剧，在当前的形势下，高校财务管理信息系统构建应符合"大数据"时代的信息管理要求。

所谓高校财务管理信息化，就是高校财务管理部门通过信息化手段，对高校内的财务信息进行整理，并通过一定的手段来提高财务工作效率，提升资金利用率，使财务人员从繁重的工作中脱离出来，提高财务工作质量。从目前的情况来看，我国高校财务管理信息化发展迅速，但仍存在一些问题制约其发展。

大多数的高校已经实现了财务管理信息化建设的目标，但财务管理信息化建设是需要不断发展与更新的，从当前的形势来看，建设的效果仍然不够理想，财务人员的工作任务仍然很繁重，效率有待进一步提高。

学生是高校最主要的构成部分，但现在多数的高校仍然没有建立直通学生个人信息的管理终端，这就增加了录入的难度，就需要大量的人力去统计，增加了工作量，从中就可以看出高校财务管理的完全信息化水平仍有待提高。

作为现代的财务人员，除了要具备基本的专业知识外，还必须要掌握相应的专业技术及信息化技术。唯有如此，财务人员才能满足不断发展的信息化要求，才能更好地适应高校信息化的发展。因此，提高财务人员的综合素质成为当前高校工作的重点。

信息化水平的提高使得高校财务管理信息系统日益完善。但从该系统的运行情况来看，其多用来完成记账凭证的编制、工资的发放与学生住宿缴费情况的查询，对决策支持的功能较弱，根本满足不了高校财务管理精细化的需求，制约了高校财务管理水平的提高。

一、大数据时代构建高校财务管理信息系统的必要性

从上文的分析不难看出，在当前形势下，高校财务管理信息化建设中仍存在诸多问题亟待完善。因此，高校必须创新财务管理模式，运用"大数据"思维与技术构建现代化高校财务管理信息系统，整合资源，实现信息共享，建成与时代发展相符的、智能化的专业系统，提高信息处理能力，优化资源配置，推进高校内涵建设，增强高校对财务风险的防范能力。

（一）构建高校财务管理信息系统的影响因素

很多因素都会影响高校财务管理信息系统的建设，其中以下几个因素的影响较大。

1. 遵循新会计制度的要求

自 2015 年起，《中华人民共和国预算法》《预算绩效评价共性指标体系框架》《事业单位财务规则》等相关的法律法规不断出台，对高校财务管理工作的发展提出了新的要求。新时期的高校财务管理最主要的任务就是，控制预算、高效执行，有效编制决算，将学校的财务状况真实反映出来。同时还要多渠道融资，节约开支，建立并完善学校的相关制度，提高资金的利用率。另外，高校要提高资产配置效率，加强监督，尽量避免财务风险，细化财务支出，严格按照标准执行。经修改后的高校财务制度与会计制度等对高校的日常财务情况都做出了明确的规定，将核算细化。通过这些规定，财务部门的工作更加细化，为提升工作效率奠定了基础。

新时期的高校必须要抓住这一机遇，科学创建新型的财务管理系统，从过去的核算型系统向管理型与决策型转变，实现所有财务科目的细化目标，同时实现财务预算、会计核算与财务分析等工作的一体化，做到上下数据的一致性，提高预算与决算的可比性，促进预算编制的科学化、精细化，提高财务预算执行工作的效率，使会计职能得到更好的发挥。

2. 为学校领导决策提供有力的信息支持

学校任何管理工作都离不开财务信息的指导，因此，财务部门必须要及时、有效、准确地为领导提供财务信息，为领导做出准确决策奠定基础。科学的决策是高校治理的重要方面，所谓的决策科学化，包括方法科学与过程科学。方法的科学化主要是指决策依据的数据化、决策工具的模型化、决策反馈的及时化；过程的科学化则是指决策程序的设置要合理、透明且公开，决策的结果经得起考验。尤其是在当前的发展形势下，高校的资源整合、信息共享、挖掘潜力、优化结构，财务管理信息化在这一过程中具有不可替代的重要意义。

3. 财务廉政风险控制机制的前提

所谓的廉政风险防控，是在国家规定的基础上，为了提高权力的规范性而实施的，主要是为了杜绝贪污腐败等不正之风。在学校内部执行这一规定，对风险识别与权责明确都有重要意义。国家也规定高校内部有权力采取一定手段进行内部控制管理。因此，在这样的环境中将经济活动纳入内部控制流程势在必行，这也在一定程度上证明了高校财务风险防控信息化建设的重要性，通过对内部控制的管理达到预期的要求，制止违反管理规定的行为，进而推动相关规定的执行，减少人为因素的影响，增强内部控制效果，在高校管理中更好地发挥内部控制的作用。

4.满足不同主体对会计信息的需求

近年来，财政体制改革不断深入，高校的经费来源也呈现多元化的发展趋势，社会各界人士都参与到高校的建设中，这也为高校财务信息的管理提出了更高的要求。为了满足不同主体对财务信息的需求，新时期高校财务信息系统不仅可以提供准确的财务信息，同时要提升信息的共享性，便于使用者查询，以发挥信息的最大效用。

（二）高校财务管理信息系统的建设目标

从长远的发展来看，高校财务管理的任务与现代信息技术必须要结合到一起，争取构建现代化的，集核算、决策支持等功能于一身的财务管理信息系统，满足高校发展对预算、经费、专项管理等工作的管理需求，实现财务预算、执行、核算、决算闭环运行。财务工作与高校的其他工作相结合，互相促进，实现信息资源的共享，确保国有资产的完整性，提高高校经费的利用效率，推动高校教学、科研等工作的长远发展。

从发展目标来看，高校的财务管理信息系统建设主要可以细化为以下几个目标。

第一，将业务与财务的数据相统一，使财务工作更加规范。

第二，整合现有的财务资源，使财务与业务实现无缝对接，创建高效的财务平台。

第三，扩大财务工作范围，建立综合型财务系统。

第四，财务人员要细化管理工作，提高财务管理系统的健康性。

第五，采用现代化的技术，提高财务管理的效率。

第六，运用大数据理论，建设决策型的财务系统。

第七，根据系统的情况分级发布信息，提高财务系统的透明度。

（三）建设现代化高校财务管理信息系统的方法

从上文的分析中，我们对大数据时代高校的财务管理情况有了基本的了解。从发展情况来看，建设现代化的财务管理信息系统是十分必要的，一般可以将其分为四个层面：创建数据存储中心与交换中心，规范基础性材料的平台层；

处理财务综合业务、管理核算与决算工作的财务管理层；为高校领导设计应用的决策管理层，该层承担着监管、执行、分析与最终的决策支持功能；最后是服务门户层，主要负责为大众服务，使财务服务的窗口作用更好地发挥出来。

二、大数据时代高校财务管理信息系统的应用价值

创建高校财务管理信息系统是高校财务发展的目标，在这样的环境中，各大高校必须要在符合自身情况的基础上，创建高校财务管理信息系统。具体来说，其主要具备以下几个价值。

（一）实现"人""财""物"综合管控

建立综合性的平台，创建统一标准，与其他部门建立合作关系，实现信息共享，建立以"人""财""物"为基础的管理系统，提升所有信息的准确性，实现统一管控的目标。

（二）实现预算、核算与决算的一体化管理目标

之前的财务系统将几种管理分离开来，造成管理沟通难度较高。大数据时代的到来改变了这一形势，使几种工作共同治理，实现全过程的管理目标，将整体的财务状况反映出来，从事前准备、事中控制、事后分析整个过程进行控制，推动财务管理的科学化与精细化进程，实现预期的管理目标。

（三）建立服务型的财务平台

综合财务管理平台的创建推动了会计工作的进程，从最初的核算会计发展成为管理型的会计，将会计的职能更好地发挥出来，大大提升管理质量与管理效率，服务水平也有了明显的改善。通过这一平台使财务人员与高校其他部门的人员建立沟通，更好地为学校的发展服务，提高了部门间的协同性，提高了高校管理的质量，增强了高校的竞争力。

（四）建立一体化的管理系统

从根本上来说，高校财务管理信息系统是学校管理部门运用现代化的信息技术将财务信息进行深入处理，进而提升高校的管理质量，实现资源的共享目标，减少重复性的劳动，减少财务人员工作量，将人员分配到更需要的地方。同时，加强高校与内部、外部间的沟通，实现良好的业务衔接，形成跨部门、跨组织的管理系统，为高校管理奠定信息基础。

综上所述，构建大数据时代的高校财务管理信息系统成为当前高校财务部

门需要解决的首要问题，高校财务人员必须引起重视，以期提高高校财务管理的质量。

第三节　大数据背景下高校提升财务管理能力的方法

随着信息时代的到来，大数据技术的应用范围逐渐扩大，人们生活水平不断提升，高校财务管理信息系统发展方向逐渐走向科技化、先进化和信息化。因此，人们对财务管理信息系统和财务人员的能力提出了更高的要求。本节主要在大数据背景下，总结出高校财务管理工作当中存在的不足之处，并提出有效解决措施，为各高校实际的财务管理工作提供参考建议。

大数据技术的出现，对庞大的数据信息采集、数据信息分析以及数据信息的合理利用等具有很大的推动作用。随着社会的进步，人们对子女的教育更加重视，国家对高校的教学质量提出了更高的要求，同时，在施行新的教育改革制度的过程中，高校对财务部门的管理能力也提出了进一步的要求。各高校为能保证财务管理质量、增强财务管理能力，以及提高财务服务水平，通过大量引进互联网技术的方式，不断完善财务管理系统，不断寻找财务管理制度的创新点。通过建立信息化决策平台，以实现预算、核算、决算三大体系真正对接等实用功能，充分发挥财务管理的作用。

一、大数据背景下高校财务管理的不足之处

第一，高校建设财务管理信息系统时缺少前瞻性和可扩展性。在这个信息技术快速发展的社会背景下，各个行业都在不断地发掘创新性技术，推动着行业的发展。大数据作为一项新型技术，被广泛应用于各个行业当中。在教育行业的发展过程中是离不开对大数据技术的应用的。然而，在高校的实际运行中存在诸多的不足。比如，在应用该新型技术建立财务管理信息平台时欠缺对高校未来发展前景的思考，没有为以后新功能的扩展开发、管理平台的优化、数据信息的集成和共享保留充足的拓展空间。另外，在许多高校中也没有完全建立信息化、数字化的财务管理系统，不同的部门采用不同的财务管理系统，各部门之间几乎没有互通性，相对比较封闭，普遍可拓展性差。

第二，高校建设财务管理信息系统对财务管理决策层做出精确决策的支撑不够。目前，高校主要使用财务管理信息系统完成一些比较简单的工作，如记账凭证收集及编制、收支记录及账本的查询、经费使用额度的把控、工资和奖学金发放等。其对决策的支撑力度远远不够，在财务实际工作中无法实现财务

分析、财务规划以及经费额度的控制等任务内容，无法为高校管理层和财务人员提供客观分析后的有利信息，进而无法对决策提供可靠的支撑。

第三，技术人员和技术支持能力匮乏。随着社会的发展，人们对生活质量的要求不断提升，对于企业和高校而言人力成本也相应增加。然而，我国各大高校受到管理制度、福利待遇、用人成本控制和发展前景及规划等诸多因素的限制，很难招到财务综合能力强的人才，与社会中其他性质的企业和单位相比，高校的吸引力和竞争力较弱，从而导致高校技术人才的匮乏，财务团队整体的专业技术水平不足、技术支持能力不足、工作缺乏积极性、处理业务能力不强等。

二、大数据背景下高校财务管理水平提升的有效方法

首先，增强对会计核算工作的标准化建设。在大数据技术应用环境下，为增强高校财务部门的管理能力，就应大力支持其会计核算标准化建设。

第一，应对高校里的教师、学生、后勤、保洁以及其他工作人员进行标准化、统一化管理。根据不同的部门及组织架构对服务对象进行分类，每个部门的编号应规范统一，并在系统中建立相应的数据库。与此同时，可以按照不同的服务要求创建符合实际的操作平台，开发设置与服务要求相对应的功能。

第二，核算基础标准化，高校应根据国家相关规定以及社会的发展需求对会计核算课程做合理的调整，不断完善该科目的内容，综合考虑管理需求并结合新增的一些具有创新性的项目，对学校的项目管理规范和原则进行标准化和统一化处理。

第三，高校应对其财务人员进行统一标准化培训，不断提高财务人员的工作能力和业务能力。

其次，建立健全的财务信息管理制度。为了有效提升财务管理能力，高校应根据发展需求建立健全的财务信息管理制度，并严格执行。在实际工作中，很容易出现各种财务问题，因此收集问题并对各类问题进行分类与分析是非常有必要的。通过对财务问题进行分析总结可提出有效解决措施，可进一步完善财务信息管理制度。另外，在财务管理系统中可通过大数据技术建立强大的数据库，应用数据挖掘和数据检索等技术，实现财务信息管理的标准化。对于每一位新入职的高校财务人员，都应严格按照高校内部的财务信息管理制度给予培训，减少因为人为因素造成的财务管理混乱问题。在财务管理工作中，相关部门应建立奖励与惩罚机制，对表现优秀的员工给予奖励，对工作中违反制度的员工给予相应的处罚，同时对财务人员的工作内容进行量化，细分到人，做

到职责分明，将财务管理制度更好地落实在每一个环节当中，有效提升高校财务管理部门的工作效率。

再次，加强对财务管理人员的综合素质培养。财务管理人员是高校财务管理部门的核心组成部分，其综合素质是高校财务管理工作的主要影响因素。在当下的社会环境中，为了能满足大数据背景下的社会发展的需求，为了能够紧跟着科学技术发展的步伐，高校应加强对财务管理人员的专业知识培训，应高度重视对财务管理人员的专业水平考核，加强对财务管理人员财务信息管理能力的提升。其可从以下几个方面开展工作：高校高层领导应重视对财务人员的教育和专业知识培训，以保证财务团队能跟得上社会发展的节奏；财务部门的出纳和会计应具备一定的财务信息管理经验，可熟练运用相关知识，以保证每一个财务工作环节都能够顺利进行；鼓励财务人员考取专业相关的资格证书，重视对财务人员职业素质的培养，定期对财务人员进行考核，以提升财务队伍的综合素养。

最后，建立财务管理系统微信公众号。在互联网技术快速发展的背景下，人们对互联网技术在各个行业中应用的关注度逐渐增加，通过大数据技术开发各种应用程序（App）软件，为人们提供方便、公共的服务平台，这种方式在生活中深受人们的喜爱。因此，微信公众服务平台的出现为各大高校和企业带来了诸多便利，尤其在财务管理系统中，微信公众号被广泛应用。高校的财务人员可以通过微信公众号内容推送的方式，促进财务相关人员掌握财务知识；可以通过微信公众号的服务功能，让高校职工自助查询及办理财务相关业务；利用微信公众号不仅可以提高财务部门的管理水平，减少财务人员的工作量，还可简化财务管理操作流程，提升各部门之间的沟通协调性。同时，微信工作平台需要人们合理经营并定期对其功能进行优化，才能发挥出其真正的作用。微信公众号的建立，可使高校财务管理工作效率有所提升，使得高校在财务管理方面的成本有所下降。因此，高校财务部门应加强对微信服务平台的建设。

综上所述，在大数据快速发展的背景下，人们对各行业的业务水平提出了更高的要求，高校财务管理能力也需不断地增强。为降低现实社会各种因素对高校财务管理系统建设的不利影响，高校的领导层应对增强财务管理能力的方法给予高度重视，并根据自身条件的发展采取相应的有效措施。高校应借助大数据技术，对其财务管理工作进行具有创新性的突破，使财务管理能力有所增强并适应社会发展，进而推动高校自身的发展。

第四节　基于大数据技术的高校财务报销创新

近年来，高校教学科研规模不断扩大，教学和科研经费呈现多样化且大幅增加的趋势，而传统的高校财务报销流程重复性工作多、审批手续烦琐、效率较低，与高校不断增长的财务结算量不相匹配。大数据及人工智能技术对高校的财务工作产生了颠覆性的影响，更带来了巨大的机遇与挑战。高校财务报销工作是高校财务管理的基础性工作，本节充分利用大数据平台及新兴的人工智能技术，对高校传统报销流程进行创新性研究。大数据和人工智能技术在高校财务报销流程中的推广，不但具有很高的实际应用价值，而且能够有效提高高校财务报销效率，改善高校财务"报销难"的困境，推动高校财务管理工作的发展。

自高校扩招以来，国家对高等教育经费的投入逐年增加，同时，高校自身的经费来源渠道也在不断拓宽，财务资金总量呈上升趋势，财务支出日益复杂化。财务报销是高校财务管理工作的重要环节，财务人员编制不足、财务制度不够完善、报销方式和流程不够合理等因素导致了高校的报销需求无法得到很好的满足，高校"报销难"的问题日益凸显。尽管很多高校财务实行了电算化管理，对财务工作流程进行了优化，通过采用自动投递机、网上预约等方式来缓解"报销难"，但"报销难"的现象并未从根本上得到改观。因此，各大高校财务部门应有效提升高校财务报销的工作效率、提高财务服务质量，为高校发展出谋划策。本节将大数据和人工智能技术应用于高校财务报销流程中，在大数据时代背景下实现报销效率的提高，以期从根本上解决高校"报销难"的问题。

一、高校财务"报销难"的现状及原因分析

第一，报销业务时间集中导致较长的排队等候时间。总体来说，高校开学及放假时间的特殊性使得报销业务具有一定的周期性。寒暑假期间，受到教学活动暂停的影响，报销业务较少；而在新学期开始，报销人员将假期参加各类会议、研讨会等积压的票据集中报销；在年终阶段，由于纵向科研项目（国家和省级自然科学基金、国家重点研发计划、国家重大科学仪器专项等）结题、年终绩效收入分配、师生医疗报销等多种因素叠加的影响，报销数量成倍增长。这不仅使财务人员处于满负荷工作状态，工作压力较大，也会导致报销人员需要花费大量的时间进行排队，引起师生的不满情绪。同时，这种不满情绪也会

间接地影响到负责报销的财务人员的工作心情和工作效率，形成恶性循环。

第二，所需的原始报销发票及凭证不符合财务报销规范导致反复补充材料或退单。报销人员由于个人疏忽，经常提交一些不够完整或信息不够规范的原始票据，如单位名称填写错误、单位税号缺失、办公用品没有税控系统开具的销售清单、发票未盖销售单位的发票专用章、出差人员缺少公务卡刷卡记录等。这些情况必然会导致报销人员多次往返财务部门补充材料，情况复杂时还会导致直接退单，在客观上也成为"报销难"的关键因素之一。

第三，报销人员对报销政策信息更新没有及时了解导致报销审核量加大。如今的财务报销政策更新十分频繁，高校几乎每年都会根据国家相关文件从财务、国有资产采购、出国等各个方面制定及修订相关制度文件，对报销流程不断进行优化。例如，《关于进一步完善中央财政科研项目资金管理等政策的若干意见》的文件下发后，各高校根据文件规定制定了新的差旅费管理办法、会议费管理办法、科研经费报销管理细则等，进而导致有些报销人员对学校新制定的报销文件不够熟悉，经常是根据自己以往的经验报销，而不知以前的报销政策可能并不适用于当前报销情况，因而会产生报销不成功的现象。比如，出差火车票及住宿未通过公务卡进行消费等。这无疑将大大影响财务人员审核和整理票据的效率，同时又要求报销人员反复补充材料也会激起他们对财务部门的不满情绪，造成不必要的误会。

第四，人工输入财务报销数据导致耗费精力而使报销效率降低。对于报销人员来说，在每次报账之前都需要对原始发票金额、数量，以及发票所对应的支出类别进行确认并输入系统。这些操作会使报销人员花费大量的时间和精力统计发票信息，任何一个环节出问题都有可能导致报销不成功。对于财务人员来说，其也需花费大量的时间对报销发票的数量、真伪进行人工统计及甄别，不利于报销效率和服务质量的提升。以报销出租车发票为例，报销人员需要耗费时间清点并输入总额和张数，而财务人员更需投入精力鉴别发票有无连号、发票专用章和发票金额是否清晰、发票日期有无超过报销期限、核算总额是否与报销金额一致等。由此可见，机械重复的核算和鉴别流程，占用了报销人员和财务人员的时间和精力，也是造成报销效率较低的因素之一。

第五，报销程序烦琐及纸质形式的审批签字难导致报销人员耗费时间长。近年来，各大高校的资金来源和支出均持续增加，高校财务报销不仅要依据《高等学校会计制度》及中央下发的最新文件法规，还要遵循各高校结合实际情况制定的相关文件，导致报销程序烦琐。以合肥工业大学科研启动经费报销通用设备（如台式计算机）为例：首先需登录采购系统提出申请，并经各部门审核人网上签批后，按照审批的购买方式进行购买，若批准为网上竞价进行购买，还需登录网上竞价系统进行申购，打印采购申请单后加盖招标与采购中心公章，并在打印仪器设备申购单后由经费负责人和设备处领导审批签字及三名验收人员签名；若转出金额大于十万元，还需填写大额资金审批单并经财务部门领导签字；收到设备后，进入资产管理系统进行填报，打印固定资产报增单并由经费负责人和学院资产审核人签字后由国有资产管理部门签字。整个报销过程手续烦琐，报销人员需要经历这一系列的文件签批手续，耗费很长时间，已经身心俱疲，最后带上原始发票和上述签批文件去报销流程的终点财务部门进行报销时，若被告知手续不全或不符合报销制度而导致退单，极易使得报销部门失去耐心，进而加大财务人员与报销人员之间的矛盾。

二、基于大数据技术的高校财务报销平台搭建

（一）大数据在高校财务中整体应用的模型

大数据技术具有三个重要特点：数据体量大和价值大、数据类型多样化、运行速度快。其逐渐应用于社会生产的方方面面。大数据和人工智能技术给高校财务工作带来了颠覆性的变化，更带来了机遇与挑战。大数据在高校财务工作中的应用包括财务学习分析和财务数据挖掘两个领域。财务学习分析主要是指对财务人员及其财务工作的数据测量、收集、分析及汇总，目的是理解和优化财务工作流程，其中一个重要应用就是监测和预测财务流程及财务数据分析。财务数据挖掘的目的是研究和利用统计学原理、移动互联和人工智能技术、深度学习技术和数据挖掘技术来发现隐藏在数据表面下的潜在规律，并通过数据回归对财务工作过程中可能产生的问题进行预测。其包括以下几个方面：财务数据分析与预测，财务预算管理优化，研究能提高财务运转效率的最佳财务管理方式，推动基于大数据技术的单位财务管理科学研究进程。

具体到高校财务工作中，大数据在高校财务工作中的整体应用模型包括财务流程重构、电子票据、财务共享、智能识别与处理、财务分析与预测等。基于现有的高校财务数据系统，大数据在财务流程重构，电子票据的收集、处理与分析，财务数据共享，智能识别与处理，财务数据分析与预测等方面得到广泛应用，进而提高财务管理水平。

财务报销是高校财务工作中的重要环节，大数据技术对高校财务报销的影

响更是广泛而深远。其将优化高校财务报销管理与服务方式，提高财务报销效率。目前各高校已普遍采用了网上预约报销系统、财务管理系统、无现金报账系统等多系统的应用组合并产生了大量的数据。以一所"211"高校为例，全校约有教职工 3 700 人，在校学生 4 万人，在每位教师每天的报销过程中，涵盖纵向项目、横向项目、教学经费、医疗保险等财务报销项目。高校的校办后勤产业经营及国家的财政拨款等项目报销，都是大数据的重要组成部分，这些数据都为大数据在财务报销中的应用提供了无限可能。

（二）大数据在高校财务报销中的技术支撑

大数据技术在高校财务报销体系中的技术支撑具体表现在以下几个方面。

第一，搭建基于云计算的大数据平台，实现报销的全程电子化。在目前的传统财务报销流程中，纸质文件在各部门之间流转及审批经常由于分管领导因事出差等而影响报销进度。高校应顺应大数据的发展趋势，搭建基于云计算的大数据平台，集报销、核算、支付等功能为一体，整合资产管理系统、科研管理系统、二级学院管理系统等其他信息系统，实现报销单据与领导签批程序的全程电子化，使得报销人员可通过电脑或手机等移动设备随时随地地进行报销材料的采集、上传、存储、审批、核查等。整个流程的电子化可大大降低报销中间过程的复杂程度，提高财务报销效率。

第二，搭建基于机器学习的人工智能平台，实现报销电子单据的自动预审。在当今的信息化社会中，财务票据等都可转变成数字信息。人工智能从规则化模式、统计分析决策模式到现今的人脑模式，正在逐步替代人类的部分工作。搭建基于机器学习的人工智能平台，可实现会计信息的自动算账、记账、报账、对账、查账、报表等。基于人工神经网络的机器学习技术可实现自动会计判断和决策，大大提高财务工作质量。在高校财务报销过程中，采用先进的机器学习技术搭建的人工智能平台可完成报销、制单、会计核算、汇总等财务工作，对报销人员上传的财务报销相关票据进行初步判断和分析，这样财务人员即可将工作重心转移到对票据合理性的审核中，进一步提高财务报销效率。

第三，搭建基于文本检索信息处理数据库系统的大数据平台，实现对报销凭证资源的有效管理。在大数据时代，用户希望获取有关被动数据、主动数据和自动数据的高效信息服务。针对高校报销凭证资源，报销人员和财务人员都希望财务部门可有效地收集和存储主动数据和自动数据。搭建基于文本检索信息处理数据库系统的大数据平台，借助文本检索信息处理数据库的聚类检索与分析功能开发全体师生属性的报销分析资源库；借助文本检索信息处理的超强检索功能，建立对报销数据资源的检索系统，以更好地配合财务人员的工作；通过文本检索信息处理数据库分析报销人员的报销凭证资源，对不遵守报销制度的报销人员进行预警。基于大数据资源的数据驱动原理，财务报销凭证大数据平台可很好地实现对报销凭证资源的管理。

（三）大数据在高校财务报销中的应用创新点

通过高校各部门数据库联机对接，实现资源共享优化。高校各部门往往采用独立的信息管理系统和数据库系统，由于各子系统之间缺乏必要的连接，系统内的数据未能得到有效整合和实现数据共享，导致很多数据信息在财务报销过程中需要重复输入，在财务数据发生偏差时，还需要和其他部门进行沟通，影响了整合资源和财务工作效率的提高。在大数据平台上实现各部门数据库联机对接，可使会计数据信息更加全面，为财务报销流程提供巨大帮助。举个例子，如果将财务系统和教务系统这两个数据库系统联机对接，那么就可将教师教学和学生实习方面的执行细节和报销相关数据结合起来，可自动对报销的相关数据进行分析，并得到全面动态的分析结果；若将财务系统和人事系统联机对接起来，在大数据平台上，可根据教师的入职年限、职称、人才计划等信息，自动核算教师工资、公积金、人才项目补贴等等，大大提高财务工作效率。

通过报销数据对比，实现对教师报销行为的指导与警示，提高报销效率，减少报销人员退单率，更好地服务于广大师生是高校财务部门最为重要的任务。在大数据的背景下，高校财务部门的管理思路要进行根本的转变，"报销审核后告知"将转变成"报销前指导与警示"。这主要是按照高校财务报销的规章制度，对每个报销人员在近几年的报销数据（发票信息、报销类别、退单原因等等）进行分析对比，发现一定的规律。大数据系统具备的关联性预测能力能够在下次报销人员网上录入信息时，提早对报销人员进行预警，向其推送之前出现过的报销问题，避免重复出现相似的报销问题，并关联与之匹配的最新报销细则，动态指导每位报销人员的报销行为，从而将"报销审核后告知"根本性地转变成"报销前指导与警示"。

通过全校报销大数据的数据挖掘，提高报销效率。在大数据环境下汇总全校财务报销的海量数据，对数据进行深度挖掘，可得到更加有效的信息。数据挖掘不仅可以揭示数据背后隐藏的客观规律，而且可以对将来进行预测性分析。利用大数据可以尝试分析不同学院教师的报销数据，以及教师在报销过程中遇到的问题，从而了解教师对当前报销政策的理解和贯彻情况，并可在其他教师对同类项目进行报销时进行关联性指导。例如，关于教师报销其参加国内外会议的差旅费，利用数据挖掘技术，可以对全校教师的该项报销类别产生的数据进行综合分析，归纳出报销过程中存在的问题和具有预测性的内容。这样在其他教师进行差旅费报销时，可关联性地给出相关教师报销时发生的问题及解决办法等（如会议注册费所需文件、支付凭证、公务卡刷卡记录、补助领取等），达到有效避免报销材料准备不充分、数据录入不准确等问题的良好效果，真正实现报销效率的不断提高。

通过报销凭证大数据的分析与追踪，实现财务报销的监督管理。大数据时代中的凭证资源除了大量的文档外，还涵盖了海量的数据，因此报销凭证数字化和数据化是大数据平台的重要工作。大数据平台的主要工作之一是用扫描仪或相机对报销凭证等各类报销纸质资料进行数字化采集及加工，并通过光学字符识别技术进一步把数字化凭证升级为数据化凭证，丰富凭证大数据的数据资源。在财务人员或报销人员需要调用凭证时，能够迅速通过数据库系统实现调用及查阅，极大地节省了财务人员的时间和精力。大数据平台的主要工作之二是通过文本检索信息处理数据库管理系统，加大对大数据凭证的收集和分析，发挥凭证大数据的价值。通过对凭证资源的数据挖掘，根据高校教师的报销信息，获取其中的规律，建立财务报销预测及警示模型。比如，通过大数据以每位教师工号为信息分析点，关联其各报销项目类别、金额、发票、转账单位等信息，进行合理化数据归类，就可以迅速发现其在报销过程中的违规问题，从而杜绝高校教师非法套取科研经费的现象，为高校财务审计提供了有效协助。

通过全校报销大数据的数据分析，协助财务管理与审计。高校在财务报销方面的数据包括日常教学经费、科研经费、医疗经费、国家财政拨款、学费及住宿费等。这些数据涉及高校教学科研的方方面面，因此对全校财务报销大数据进行统计、汇总、管理、分析、开发，能够优化高校的资源配置，增加高校资金使用效益，提高高校的成本核算意识，提升高校财务管理和审计水平，助力高校可持续健康发展。

三、基于大数据技术的高校财务报销创新过程中面临的挑战

（一）大数据技术层面面临的挑战

搭建基于光学字符识别的票据识别平台，实现报销票据的自动识别。在大

数据背景下，针对财务报销过程中提供的大量发票，搭建基于光学字符识别的先进票据识别平台，可对发票进行自动图片扫描、快速数据录入、自动识别及存储等。光学字符识别主要包括图像预处理、文字特征抽取、对比数据库、对比识别、字词后处理、输出结果。根据自动扫描的发票图片，光学字符识别平台通过系列图片识别手段将发票中的金额、货物名称、发票代码、纳税人识别号、发票专用章等转化为财务数据，形成数据电子存档，从而节省大批人力资源，资源配置得到优化，还可使财务人员从烦琐的机械式工作中解脱出来。同时，光学字符识别平台将需要验证真伪的增值税发票提交到国税总局查验平台验证真伪，并反馈记录结果。

（二）高校财务层面面临的挑战

虽然现阶段高校财务报销的数据规模尚可，但是数据仅仅局限于高校所有教师的历年报销数据，相对于其他领域大数据的应用（如电子商务、社交领域等）来说仍然较小，数据来源仍然很单一，区域性或全国性的高校财务联网信息系统还没有搭建。这些都给创新性的高校财务报销系统的广泛应用带来了机遇与挑战。

身处在当今大数据时代，高校财务管理工作必须要与时俱进，以适应信息技术的高速发展。财务报销是高校财务管理的重要环节，本节将大数据创新性地应用于高校财务报销系统，充分利用大数据和人工智能技术，突破传统的财务报销方法，实现高校资源的不断优化，提高财务报销效率和财务管理水平。然而，基于大数据技术的高校财务报销工作仍将面临很大的挑战，并且将在一段时间内与传统的财务报销方式并存。随着大数据技术的不断发展，大数据技术在财务报销工作中的应用终会将高校财务报销和财务管理推向辉煌的发展阶段。

第五节　大数据时代高校财务管理的风险

随着信息技术和互联网技术的发展，各行各业的工作效率稳步提升，这在很大程度上促进了各行业的进步。电子化办公带来的工作精准性提升、工作效率提高等显著优势对我国财务管理行业的推动和促进作用不言而喻。但是与此同时，数据总量扩大带来的数据分析工作难度提升以及财务管理风险加大等现状，也给实际的财务管理工作带来了一定的挑战。近年来，我国的教育产业蓬勃发展，各类高校办学规模和办学水平都在稳步提升，但是大量资金向高校涌入以及高校作为金融主体参与的投资与贷款总量的攀升，却时刻考验着高校的财务管理水平。在大数据背景下，对高校财务管理风险进行深入研究，并提出信息时代高校财务管理风险规避的有效对策，是本节的主旨，希望能够对读者有所启发。

一、高校财务管理风险概述

高校财务管理是指，在高校发展目标和发展战略的指导之下，对校园内部资产进行购置、运营、分配和管理的全过程。高校财务管理以降低办学风险、提高资金运转率、提高办学效益为主要目标，以有效的财务风险规避和防范机制为手段，以促进高校的可持续发展为主旨，是高校健康发展的命脉。然而，在市场经济体制下，社会需求促进了高校办学规模的扩张，高校招生规模扩张、多渠道筹措经费甚至大量贷款举债进行高校扩建已经成为高校发展中的常态。据统计，我国高校目前的贷款总额在 2000 亿元左右，一些高校的贷款数额甚至达到数十亿元，这不仅给高校的正常运营带来了极大的压力，也极容易导致各类财务风险发生，严重制约高校的发展与进步。总体而言，高校的财务风险主要分为三种类型，即债务型风险、投资型风险、流动型风险。

（一）债务型风险

债务型风险是指高校在其发展的各个环节当中，在高校建设以及运行过程中，向金融机构进行资金举债的总和。高校债务大多为向银行机构的贷款，虽然这种贷款行为在高校发展中是较为常见的，且对于维护教学秩序的稳定以及缓解教学经费紧张等问题大有裨益。但是一旦高校对自身的财务状况分析不清，其过分举债行为，一方面会加剧其自身财务负担，资金链断裂时会导致严重的财务危机发生；另一方面，为了缓解债务危机，某些高校会盲目扩大招生规模或者违规提高收费标准，甚至是无故拖欠还款。这些行为都会导致高校信用体系的瓦解，影响了高校的社会形象，最终将高校发展置于恶性循环当中。

（二）投资型风险

为了提高教学质量，高校需要进行教学软硬件设施的更新和完善，需要对人才进行引进和培养，这些行为都需要耗费大量的资金，如果不经过深思熟虑就投入巨大的款项，那么不仅会导致资金的浪费，还会提高高校财务管理的风险值，给高校发展带来危机。

（三）流动型风险

流动型风险是指在高校财务管理工作当中，如果管理制度和机制缺失，管理的规范性和标准性不强，那么就极容易出现各类违规行为和财务管理缺位的现象，导致财务赤字情况的发生。

二、大数据背景下高校财务管理中存在的主要风险问题

（一）财务管理日常工作风险

就目前而言，我国高校财务管理工作中的漏洞较多，由此也出现了一系列的工作问题，给高校财务管理工作带来了许多风险。财务管理的目标不够明确，很多高校以招生、教学作为日常运营重点，看待财务管理问题过分短视，这就造成了高校的预算编制水平不高、预算执行过程中的随意性较强，预算不能有效体现出学校的发展规划，资金使用过程中的超支现象严重，预算制度的有效性没有得到充分发挥，高校财务管理的约束性不能得到良好体现。此外，财务管理内容过分单一，高校财务工作仍旧以算账、记账为主要职能，而忽略了新时代背景下、经济发展新常态下财务部门的财务分析、财务预测和财务管理职能。很多财务工作人员看待问题较为肤浅，对于各项资金支出缺乏必要的效益核算和相应的绩效评价。这就使得高校财务管理不能站在全局的立场上看待问题，财务工作中的针对性不强。

（二）财务管理内部控制风险

当前，虽然我国大多数高校都建立了财务内部控制制度，但是由于没有意识到财务内部控制与高校文化理念、管理理论、员工素质、人文环境等方面的内在关联，因此导致高校财务内部控制制度的具体实施状况不甚理想。高校财务工作不按照规章制度办事且学校内部缺乏必要的会计监督机制，事后审计工作中存在着明显的滞后性，这些都使得财务风险或者损失发生时，不能及时划定经济责任，追责工作更是难以开展。这些问题的存在，直接影响了高校财务人员工作的积极性和自觉性，进而造成财务工作的混乱局面。

（三）财务管理信息化风险

高校财务人员在利用计算机技术开展工作的过程中，对于一些操作行为往往不求甚解，知其然而不知其所以然，且存在过分关注财务数据而忽略数据真实性的问题，这就导致高校财务工作对于互联网和大数据技术的应用不够深入，

内部财务数据的碎片化严重，给高校财务工作带来较大的风险。此外，在信息化办公比较普及的今天，高校财务人员对于信息风险的评估和预防能力严重不足，他们不能妥善处理数据对接、数据录入与数据分析中存在的大量误差，也不能制止网络入侵、电脑病毒给财务系统带来的损害，这也是造成大数据时代高校财务管理工作风险频发的重要原因。

三、大数据背景下高校规避财务管理风险的有效措施

（一）强化内部风险控制，改良权责发生制

要切实转变高校在财务内控方面的不利现状，首先就要从思想观念上进行改变，明确责任主体，强调意识先行，深入宣传教育，从而逐步构建起健全的财务内部控制体系。要重视预算工作，科学编制财务预算，将预算工作与高校的发展战略结合起来，并尽量实现各项业务与预算之间的对应分解，在此基础上明确预算管理决策机构、工作机构和执行机构三个层次的主体责任，对项目建设目标、项目预期效益、经费使用计划等进行充分论证，并要求各责任主体定期汇报预算执行情况，从而体现出预算的严肃性，提高资金的使用效率。要构建有效的内部监督和信息反馈机制，通过定期或者不定期的财务检查和抽查，实现对高校财务工作的有效控制和约束，并以严格的事前、事中、事后控制手段，提高资金使用的规范性，防止徇私舞弊行为的发生，保证风险控制措施的顺利落实。要重视做好内部培训，不断提高财务管理人员的综合素质水平，强化财务管理人员的危机意识和责任意识，形成谦虚谨慎、认真负责的良好工作风气，建立并落实相关的责任机制和奖惩机制，以此控制和规范相关人员的行为，为高校的财务风险管理创造良好的环境。

（二）强化风险意识，构建全面的财务风险预警体系

高校应该进一步强化风险意识，重视做好资金使用的风险评估工作，以多元化的手段评估高校的整体运行情况以及资金使用情况，从而提前预测可能出现的种种财务风险问题。高校应建立财务风险预警制度，从风险识别、评估以及评级三个方面入手，计算出每一项财务行为实施的风险值，预判财务风险发生的概率。高校要特别注意加强对金融贷款的管理并对资金使用进行跟踪监管，要采用大额贷款备案制度和上级审批制度，并保证按时还款还息，以此提升高校的信用值。在此基础上，高校还应不断完善风险处置机制，采取完善的风险应对和处置措施，并对风险处理方案进行合理论证，从而得到最经济有效的风

险处理方案。

（三）加快实现高校财务工作的智能化、信息化

在"互联网+"和大数据背景下，高校财务管理的智能化和信息化水平日渐提升，财务工作岗位的改革和分流日渐明晰：传统会计核算岗位将被淘汰，强调以事前预测和事中控制等管理职能为主的管理会计的重要性日渐凸显。为此，高校一方面要加快新型财务人员的培养速度，帮助高校财务人员及时完成思维的转化以及能力的突破，从而使其成为财务工作领域的全能型人才，以此促进高校财务管理水平的提升。高校另一方面应借助互联网和大数据分析系统，实现内部财务风险管理的实时化、集中化和动态化转变，并不断加快财务管理信息系统的建设和完善，从高校的实际运营情况和需求出发，引入专业化的财务管理软件和信息安全维护体系，以此完善财务管理的发展道路，降低风险发生概率。

财务安全是保障高校持续、有序、健康发展的必要条件，高校一定要重视大数据背景下的内部控制体系建设，不断创新财务管理理念和方法，加强对内部资金、财产和人员的管理。只有这样，高校才能适应新时代的发展需要，才能保障我国教育事业的安全与稳定发展。

第六节　大数据时代的高校财务预算管理平台构建

本节在国内已有研究的基础上，通过对高校财务预算管理的现状和问题进行分析和研究，并利用大数据技术的特性和职能，提出构建新的高校预算管理大数据平台，规范高校财务预算管理流程，防范大数据技术使用所带来的系统风险，进而帮助高校提高资金使用效益，支持高校财务预算管理顺利实施。

随着科技的进步和社会的快速发展，高校财务管理活动日益多样化、复杂化，传统的高校预算管理机制在未来可能难以适应数据量庞大的预算管理要求，可能会给高校财务预算管理带来各种各样的新问题。当代高校财务预算管理环境对高校财务工作提出了更多层次、更高标准的要求。在这种情况下，高校应当积极适应预算管理新环境，顺应大数据发展所带来的预算管理新趋势，探索将大数据技术应用到高校预算管理的新形式，增强高校的数据挖掘和分析处理能力，支撑高校预算管理顺利实施，进而促进高校平稳、有序发展。

一、高校财务预算管理的问题分析

一是预算编制和执行缺乏监督控制管理。高校预算编制缺乏合理有效的监督，预算编制形式过于简单，审批和监管力度不够，易引发高校各个部门之间的矛盾。为了获取更多的资金，各个部门可能会就此展开竞争，提出一些不合理的或不恰当的经费要求。此外，各部门对于预算的执行过程往往不能进行有效的事前与事中控制。这就可能造成学校的支出具有盲目性和随机性，使制订的计划成为空谈，预算的预警与督导作用难以有效发挥，最终预算仅仅流于形式，整体执行效果不理想。

二是财务预算管理缺乏事后绩效评价。国内高校预算管理绩效评价机制建设起步较晚，没有较成功的经验用来借鉴，只能靠各高校逐步去探索发展。在高校预算管理绩效评价问题上，缺乏成熟的绩效评价标准和指标体系，没有真正发挥出绩效评价的作用。同时，绩效评价工作涉及面较广、工作量大，内容比较复杂，容易让人力不从心。高校现有的绩效评价制度不够完善，从而使评价结果不尽如人意。

三是欠缺处理海量财务数据的能力。高校财务数据有历史的、现实的、未来的、结构化的、非结构化的、半结构化的，数据越来越呈现出多样化的特点。现有的高校预算管理能力并不能从多层次、多角度进行分析、挖掘和计算。财务人员的基本财务数据均是直接从原始凭证上获取的，将收集到的数据进行加工处理，再按照实际的需要进行共享和传递进而形成数据库。这一数据库中的数据大部分是结构化数据。当前的会计信息系统已经被证明能很好地适应这类数据所属的财务工作，而非结构化数据的价值常常会被忽略。庞大的数据源中的丰富价值没有被充分挖掘，造成信息价值利用不充分，财务活动实质没能很好地展现。例如，对于学校设施日常维修处理费用，虽然能取得直接财务信息，但并不能准确判断是人为损坏，还是设施正常维修处理，这些情况给高校财务预算管理带来一些难题。由此可见，传统的数据整合方式与高校财务管理的中长期发展不相适应，现有的财务软件也不能满足当代高校财务预算管理的要求。高校需要一种工具或技术来分析处理甚至整合这些结构化数据和非结构化数据。

二、大数据技术在高校预算管理中的应用分析

在大数据时代下，高校将掌握大量的数据资源，高校应根据自身特点和发展规划目标，合理开发利用这些数据资源。在海量的数据信息中，依据数据的结构、类型、复杂程度和价值密度等采用不同的方法进行处理，会得到完全不同的结果。因而，可以采用大数据技术对数据信息进行挖掘。在对数据进行处理时，必须对全部的数据进行加工。从而找出数据间的相关联系和因果关系。以高校财务数据为例，学校科研收入、科研设备采购支出、科研设备管理支出等这些数据都和科研人员管理有关，具有一定的相关性，据此可计算出相关关系系数，根据相关关系系数可以掌握数据的变化发展情况。利用大数据所具有的特点，即数据信息量庞大、数据流通速度快、数据种类繁多和数据价值密度低等，运用随机抽样、数理统计分析、数据挖掘等多种数学方法，对有效信息进行计算分析。

高校在进行预算管理时，首先应将各部门、各单位的原始财务数据汇集起来，统一纳入数据信息仓库。高校在建立数据仓库时，应该结合自身情况，除了将教学、科研、学生管理等主要数据纳入数据仓库外，还应该将上级补助款项、下级上缴款项、学校附属单位经营数据信息、对外捐赠或接受捐赠和其他相关财务活动信息等统一纳入数据仓库。其中，纳入原始数据是为了保证数据的"原汁原味"，确保数据信息的全面、真实、可靠。同时，建立数据仓库的另一个好处就是方便数据信息分类管理。高校可依据数据量的多少，在数据仓库中建立主数据库和其他相关数据库。在中国，高校日常管理主要围绕科研、教学和学生管理等展开，因此高校可以结合自身实际，建立科研主数据、教学主数据和学生管理主数据，像考试报名费、学生贫困补助费和科研奖励等非日常数据信息，可以建立考试报名数据信息库、科研奖励数据信息库和学生贫困补助数据信息库等。这样对数据进行分类，方便高校就专项模块进行数据分析，也便于其投资决策分析，从而便于高校对预算编制的管理。

在将大数据技术应用于高校预算管理的过程中，特别要注意防范数据安全风险。如果没有完善的信息安全防护措施，不法分子很容易盗取这些数据资源，因为这些数据具有重要的价值，所以会成为不法分子攻击的重要对象。如果数据信息被泄露或者出现安全风险，将给高校带来一定的损失。在使用大数据技术时，享用大数据带来便利的同时，也要严格防范数据安全风险，特别是像高校这样的公共服务性单位，其数据信息涵盖面广、信息量大，不仅涉及师生

的利益，还关系到广大社会公众的切身利益。因而，高校在进行数据处理分析时，一定要合理设置数据使用权限，全面加强高校数据信息管理。

三、构建新的高校预算管理大数据平台

在大数据时代下，高校主管部门应该定期加强对高校的预算管理和监督，确保高校合理使用相关资源，高校领导层要重视预算管理实践，加强预算管理力度，同时预算管理部门也要加强大数据技术学习，增强自身处理数据能力，充分认识到大数据的重要性。高校想要充分运用大数据技术进行预算管理，首先其自身应该对财务预算管理有一个科学准确的定位和认识，明确预算管理的工作内容和具体要求，不断学习研究大数据技术的特点和价值，掌握大数据技术，将大数据运用到具体工作当中。当前，科学有效使用大数据技术的最好方式是构建新的高校预算管理大数据平台。该平台将为预算的申请、审核、分配、执行、控制、监督、分析和反馈提供信息支持。管理系统主要由六部分组成：数据信息共享系统、预算分析决策系统、预算编制审核系统、预算执行系统、预算监督控制系统和预算绩效评价系统。

（一）数据信息共享系统

大数据技术可实现对高校的科研活动、日常教学、学生管理等方面的各种信息进行深入的挖掘和分析，从中找出可以帮助和指导高校财务预算管理或高校长期发展的方法。这样有助于高校更新现有的数据管理体系，推进大数据共享平台建设。但国内关于如何利用大数据技术构建预算管理平台的研究较少，理论成果有待进一步丰富。本节在国内已有研究的基础上，提出构建新的高校预算管理大数据平台，以此来帮助高校在大数据时代下构建财务预算管理体系。

（二）预算分析决策系统

大数据技术的独特优势在于对海量数据信息的挖掘、处理和分析，因而可以用大数据技术对预算方案进行预测分析，对预算结果进行研究分析，从而辅助预算决策管理，使预算管理科学化、合理化。高校在结合实际情况，将各部门的预算结果汇总成预算方案后，可以根据以往的管理经验和预期管理目标，运用大数据技术对预算方案进行分析。在这方面，最典型的方法是数据挖掘技术，高校可以结合数据的分布规律，运用线性回归分析、置信区间分析和数据关联分析的方法，对数据进行分析处理，合理预测预算结果，检测实际预算方案，并根据实际情况进行适当调整，努力确保预算方案符合高校实际发展需求。

（三）预算编制审核系统

在预算管理过程中，尤为重要的一个环节就是预算编制审核。预算编制审核有助于确保预算工作平稳有序进行，合理保证预算编制科学规范，避免问题的发生。在预算编制工作流程中，建立预算编制审核系统，就是在从预算申请到预算编制，再到预算修订和预算下达的过程中，增添预算审核环节，利用大数据技术的优势，形成信息化、流程化的预算审核体系。预算编制审核的目的是确保预算编制合理规范，为预算的合理执行提供科学保障。

（四）预算执行系统

预算执行系统的建立，需要高校各项主业务的项目数据。将大数据信息库中的各项主业务数据进行财务预算、核算，将各项业务预算数据整理汇总，利用数据分析的方法，进行各部门核心业务数据的二次分析，最终建立预算项目，同时建立该项目与其他项目之间的多维度联系，形成一个完整的预算执行系统。预算执行系统可以同步进行高校各项业务的预算分析，并可展示各主要预算项目之间的数据联系，有利于全面预算的实施与管理。

（五）预算监督控制系统

由于数据信息具有时效性，因此应该实时更新财务数据信息，确保数据的价值得以充分发挥。高校的日常运营管理会产生大量的数据信息，有些数据信息的时间价值会持续较长时间，有些数据的时间价值持续时间较短，因而要根据实际预算管理的需要，及时更新相关数据信息。同时，在预算执行过程中，严格控制预算项目，不能突破规定的预算额度，对相关经费进行精细化管理，进行实时有效的监督和控制，坚决抵制无预算或超预算现象。预算的调整要经申请部门、财务部门、高校领导层及预算管理部门论证后，才能被审批，以此来监督规范高校财务预算管理工作。

（六）预算绩效评价系统

建立预算绩效评价系统的主要目的是对各部门、各单位的预算编制进行考核，检验其预算编制的科学化水平，并对以后的预算编制工作提供参考，为科学编制预算提供支撑。高校可结合自身特点，专门建立针对科研、教学、学生管理等方面的预算绩效考核系统，从预算编制、预算审核到预算执行等环节着手，运用大数据技术对财务数据信息等进行挖掘、处理和分析。针对一些重点项目进行专项研究分析，可以从投资、成本和收益等角度入手，评估预算决策的科学性和可靠性，从而支撑高校预算管理工作顺利进行。

第七节　大数据时代高校财务治理新动能

现代信息技术的进步和数据驱动决策的改变已经成为新时代发展的大趋势,数据对高校治理的思维方式、组织决策、技术方法等产生了前所未有的影响,也给传统高校财务治理过程和手段带来了新变革。本节以新动能为主题,着重描述大数据时代高校财务治理如何获得新动能,试图研究利用大数据重构内部运转体系和组织彼此关联形态来促进高校治理能力的现代化。大数据时代新技术、新方法的应用,无疑将有力推进高校治理智能化、管理精准化和决策科学化。这既是高校财务治理现代化转型的策略选择,更是推进高校高质量发展的新动能。

一、大数据时代财务治理新动能的现代演进

当今世界经济已进入信息产业为主导的新发展时期,数字化、网络化、智能化相互融合所带来的发展契机,已成为新一轮信息技术发展的聚焦点和国家治理创新的新动能。进入新世纪后,海量数据引起的"爆发"现象将商业、金融、共享经济等各个领域都推向了前所未有的"大数据"环境。这些无法利用常规软件工具捕捉、管理和处理的数据集合,以及需要更新模式才能处理的海量信息资产,被 IBM 定义为大数据"5V"(即大体量、多样性、时效性、准确性、大价值)特征。2013 年出版的舍恩伯格与库克耶的《大数据时代》更将这一概念扩展应用到工作、生活和思维方式等众多领域,为大数据推进治理现代化进程奠定了理论基础。这一年也成为大数据时代的开启元年。

信息化的发展,成为治理现代化的一种技术实现路径,基于物联网、云计算、数据可视化、关联数据等技术的普及与成熟,人们对加速扩张数据的处理能力也不断增强,高校财务从过去的电算化逐步迈向了智能化。在智慧校园建设的现代化进程中,许多高校财务已经逐步实现跨部门、跨层级、跨领域、跨校区的线下业务与线上网状数据的无缝衔接。在促进信息流、技术流、业务流以及资金流和人才流的有序流动方面,大数据发挥着平台网络特有的扁平、快捷、高效和互动优势。在去中心化、层次化和边界化的同时,大数据快速实现了不同资源的高效整合和平等对话。在推进组织融合、机制融合、业务融合和数据融合方面,大数据初步实现了财务需求与服务、资金与项目的连接互通。在高校信息流中占据着中心区和制高点的大数据技术在更广阔的领域、更大规模的应用等方面不断改变着粗放型、经验式的传统财务流程。未来不断演进的高校

财务在技术与应用层面将面临"宽带网络高速泛在、智能环境全面感知、业务应用深度融合、海量数据智能分析、智能服务个性便捷"等新特性，预示着信息化进入更高的发展阶段后，必然为财务治理以及业务融合创新提供更直接的技术支撑，从而形成推进治理现代化的持续动力。

二、大数据时代高校财务治理新动能的现实意义

大数据机遇所转换成的动力，在加快培育新技术和新方法上就是通过治理新动能的增量来对冲旧动能的减弱，是产生出治理新常态和新模式来改革旧动能，利用治理新动能创造的"战略纵深"为财务转型升级赢得更大的空间。大数据作为新一代信息技术改变了传统财务模式，其以新手段、低成本拉长了管理链，补强了创新链，延伸了价值链，推动财务治理向"微笑曲线"两端延伸，为管理创新、技术创新、标准创新、组织方式创新提供了新动能。其以精准预测需求和个性定制取代了传统财务的经验主义，实现了层级的扁平化、业务的多样化、管理的智能化。此外，通过大数据、物联网和人工智能等技术实现精准感知、在线处理、智能决策和科学管理，进而实现对高校管理链的改造升级，为高校治理信息化、智能化提供更加精细和高效的路径与方法。

一是有利于高校做出科学决策。传统决策方式主要依靠决策者的主观经验和感受，基于大数据的治理则使得每项决策都有可靠数据支撑，并且获得更多而不仅仅限于财务方面的各类信息和数据。例如，高校在评估购买一批计算机用于某实验实训项目的需求时，可以根据项目上机实践实训课程数量（课时数）、项目课程对技术参数的要求和受训人员数量等数据信息得出必要性的判断，利用项目课程效果和受训人员评价反馈等数据信息对项目经费绩效进行准确估算，从而做出科学决策。

二是有利于提升财务治理绩效。在数据协同基础上的财务治理，可以清楚各部门或项目经费的整体情况，进一步优化业务流程，为治理模式创新提供新的工具和手段。随着大数据的发展，通过对全流程数据的实时记录反馈，可为财务深度分析、过程回溯追踪、优化决策服务等提供可靠技术手段。比如，根据对校园锅炉、空调以及其他大功率电器等的数百个甚至更多参数的智能分析与应用，可以在不增加物理设备的前提下，利用大数据达到分秒级别的精确控制，最终年均可降低 4% ~ 20% 损耗，常规节约经费 10 多万元，而相应节电工程初始投入只需 50 万元，预计 3 年即可收回投资，表明相应项目经费投入是恰当且必要的。

三是有利于实现财务精准分析。大数据模型来源于海量的数据，数据量的增长意味着蕴含的经验信息会更多，越多信息运用到模型中，则预测就会越准确。基于大数据，并结合相关绩效分析模型可以实现对具体项目财务的精准分析，可提高核算的准确度，提升高校的综合效益。如关联并获取财务系统、教务系统以及科研系统等不同类别的数据，通过对教师承担项目的有关数据进行多维度、全方位的精准分析，可得出项目经费的全面评价。此外，大数据技术通过分析用户的个人属性数据、网络行为数据、以往服务数据等使得精准化、个性化的财务服务成为可能，进而做到对于用户的精准服务和个性推送。

四是有利于增强高校预测预见性。对大数据样本的建模评估，会使得预测活动更加精准。数据的延伸性和可扩展性大大提升了工作的前瞻性，可以增加财务治理的实际价值，帮助财务部门有效预见问题或隐患，进而通过使其提前介入将风险降到最小、损失减到最少。比如，通过对用户经费报销行为习惯及结果的建模分析，有效预警发现可能的个别异常现象，从源头防范财务风险的发生。同时，借助大数据对高校运行数据进行挖掘与分析，有助于更全面、快捷、直观地反映高校整体运行情况，使高校财务治理更有针对性，更富预见性。

三、大数据时代高校财务治理新动能的影响分析

大数据时代海量和多样的数据"爆发"，预示着人们进入了一个数据越来越难以处理的阶段。在治理思维方式、方法手段和决策行为等方面，大数据也越来越深刻地影响高校财务治理新动能的形成。

（一）对大数据时代治理思维方式的影响

大数据的出现、数据驱动决策的选择使得人们的思维方式发生转变，进而引起方法变革，最终体现为对治理决策行为的深刻影响。第一，在大数据时代，数据已经成为高校治理活动的核心。对行政、财务、教育、科研等业务领域产生的海量数据，如尽可能多地加以收集、汇聚和分析，无疑会得到更加精确的规律与结果。第二，面对半结构化甚至非结构化数据，无须再按照统一的标准先对数据进行格式化处理，这在提供观察事物更广阔视角的同时，也使得复杂多元的数据不再被排斥。第三，通过大数据技术分析海量数据间彼此存在的潜在的因果关联，更易捕捉到事物之间基本的内在规律。第四，相对于以往的数据管理方式而言，"治理"更有利于促进全员参与、激发整体活力，更好地维护组织或个人利益，进而增强决策的一致性，降低数据风险、保障数据安全，

有助于科学思维方式的形成。

（二）对大数据时代治理方法手段的影响

围绕用户需求，以数据为中心，通过对海量数据的处理和分析去发现新的知识和信息，体现出与以往截然不同的新特征，这反映了从假说驱动到数据决策的转变，在客观上推动了治理方法手段的变革。第一，面向全样数据，提供具体的技术实现途径。在更高带宽、更大临时存储空间和更易操作的计算环境基础之上，即使是复杂的对象，也无须做过多的精减即可利用海量数据实现全面、完整的描述，并挖掘出其中的本质与规律。第二，重视整体关系，强调数据彼此的关联性。庞杂而又繁复的数据往往会呈现出非线性关系，只有将所有数据作为一个整体并运用大数据技术从宏观上把握数据间的关联性，才能解决从因果关系转向对关联性探索的难题。第三，接受多元多样，减少了对数据标准的要求。大数据时代产生的海量数据中，非结构化或半结构化的非标准数据占 85% 以上。这些一致性和容错性缺失的数据，是传统数据库技术无法同时处理的，需要凭借更快速的算法和更高效的处理软件，才能关注以往无法被关注到的过程细节并完成对新发现的分析。

（三）对大数据时代治理决策行为的影响

只有在实践中将大数据规模大、种类多的特征充分运用，才可能提炼出大数据的真正价值。当观察、感知、仿真、计算、模拟等行为越来越普遍，在扩充数据规模和种类的同时，以往很多不被接受的数据也被纳入其中。这些新数据为治理活动中的科学决策提供了依据，同时决策所产生的更多数据又为新的发现提供了可能。大数据技术本身就是通过对海量数据中潜在的模型及规律的描述来挖掘和归纳出其中有价值的信息。从这个角度上看，运用大数据技术使以往无法观测到的现象得以观测，数据之间广泛的关联性也为决策提供了更可靠、可复验的信息。大数据技术提供的新方法在帮助人们进一步认识复杂世界之时，也使决策从简单的模型构建逐步迈向了复杂的真实世界，克服以往的弊端。这种基于大数据衍生的知识有助于人们做出正确决策，有利于提高决策行为的科学性，以保证治理活动的正确方向。

四、大数据时代高校财务治理新动能的制约因素

（一）理念思路束缚

正如前文所述，大数据对思维方式的影响是普遍的、不可逆转的。传统的依靠体验和经验驱动的思维方式，与大数据条件下的精确和理性思维存在较大反差。如今大数据思维和大数据观念下的目光朝向了更为复杂的多源对象，这要求高校财务部门应用大数据对多源对象进行研判分析，从而建立起符合时代特征的新治理模式。目前高校财务部门乃至整个高校的大数据观念还较落后，缺乏治理意识，对利用大数据治理没有给予足够重视，却尤其注重管制思维，限制了大数据的开发、管理进程。

（二）体制机制约束

大数据是涉及众多部门、诸多层次的系统工程。目前，绝大多数高校各部门之间尚未完全实现信息的联通和共享，不同层级及部门之间的条块分割形成了体制上的物理分隔。不同高校之间、高校与社会之间缺乏有效的跨校域的，行政协同治理及信息沟通机制，在财务保障、校园安全、教学保障等领域，校域间的多元共治格局尚未形成。高校内部呈现出治理部门化、碎片化的倾向，片面强调数据安全保密以及数据重整成本，造成事实上的不想、不愿、不敢和不能共享的状况，形成人为的"数据孤岛"。已经公开共享的数据也因为缺乏统一的规划和标准的数据接口而导致共享的责任主体不明、利益界限不清，无法进行关联融合，进而直接影响到财务治理的效果和效率。

（三）人才瓶颈限制

高校内部治理涉及决策、规划、组织、协调、建设和监管等繁杂事务的全过程，需要有人借助大数据来解决治理问题。在目前的体制下，财务部门人员的大数据运用能力普遍不强，缺乏既懂建数据运算模型又懂财务业务的人才，薪酬待遇等方面与IT企业的差距也加大了吸引优秀复合型人才从事相关工作的难度。人才储备不足，现有员工对业务工作和流程熟悉程度远远不够，在财务治理过程中极易产生供需脱节、难以有效供给的问题。很多高校的财务部门尚未认识到对信息化建设进行科学评估和持续迭代发展的重要性，缺少项目绩效必要的评价指标体系和机制，项目建设往往带有一定的盲目性、随意性和主观性，影响到高校财务治理的效果。

（四）业务环境桎梏

高校财务治理质量取决于基础信息的实时性和完整度，而这都有赖于校园网络环境的规范、统一和协同化程度。目前一些高校缺少顶层设计和对基础数据的统筹规划，如财务、教务等基础业务系统存在重复建设的情况，不同业务系统在标准和规则上的差异也造成了数据存储上的分散和冗余。大多数高校数据中心虽初步实现了简单的基础数据和部分业务数据的流转、存储和查询功能，但仍然难以满足跨系统、跨部门分析与研判的需求。还有相当多的业务系统是数字校园建设初期项目，使用 5 年以上却仍未升级改造，无论是功能还是安全性、稳定性都存在问题。高校财务应用也大多还停留在"大数据"标签化的层面，在共享互联中忽略了师生的个体差异，容易造成"千人一面"的结果。

（五）安全保护缺失

大数据犹如一把双刃剑，在带来便利的同时其引发的数据安全和隐私保护问题也日益凸显。高校财务数据所涉及的许多师生个人信息都需要加以安全保护，但现实中相当多的高校对这些信息与其他普通数据一样都集中存储于学校服务器中，缺乏独立的安全保护机制，其安全性堪忧。同时，随着信息技术和人工智能的发展，大数据思维和模式已在悄然改变每个人的学习和生活。当面对一个更加丰富的世界时，如何严格限制相关数据用于营利主体的行为，防止在透明性、算法公平、人工智能伦理、监管和社会责任上出现安全失控、法律失准、伦理失常等问题，都迫使高校乃至社会建立起一套更加包容、更加创新、更加完善的监管制度体系来加强法律、规则和伦理维护，以确保数据安全、可靠和可控。

五、大数据时代高校财务治理新动能的策略选择

党的十九大提出"治理智能化"的要求，切合当今信息化发展的实际。具体到高校财务治理领域，依托大数据的智能化是培育发展新动能的必然选择。

（一）以战略眼光谋全局，培育内生发展力

大数据时代财务治理着重从战略层面规划，利用大数据的新优势赋能高校财务的新治理。一要目标理念新。要秉承新时代大数据的文化精髓，以精细治理、绩效引领为抓手，以开放包容、合作共享理念为目标，建立起"数据导向、数据决策、数据治理、数据服务"的新型高校财务工作机制，实现管理决策从

"业务驱动"向"数据预测"转变。树立高校信息化均衡发展理念，全校统一规划、统筹建设、整体推进，做到智能感知、智慧应用、预测预警、精准服务，使服务师生的"数据消费"行为成为拉动治理的主要动能。二要支撑平台新。利用大数据和互联网以及人工智能等新技术实现财务治理机制的有机融合，让移动应用能够发挥随时、随地、随身、共享、开放、互动的优势，支持一线财务人员对数据资源"三随"调用需求，实现财务治理的"在线化""实时化"。三要发展模式新。要聚全校之力、集全校之智，共商共建，共同参与到财务治理信息化的过程中去，真正让"众创、众包、众筹、共享、共治"等新思维在广大师生中生根发芽，推动财务模式向集约化、高效率、共享式转变，为大数据时代财务高质量发展注入新动能。

（二）以系统思维聚合力，追求价值最大化

治理是高校内部涉及管理、信息化建设等各领域的系统工程。因此，财务部门要顺应现代科技发展趋势，努力促进大数据、移动互联、云计算和人工智能等现代科技与高校发展的深度融合，重塑内部组织和运行的关联形态。同时，对于跨部门、跨校区、跨群体的多样化需求，加快推进财务智能化建设进程，以系统思维实现高校及部门间数据共享、服务联动、互信互认，织全云网、建成云算、探索云智、筑牢云盾，融入智慧校园建设大格局，提供优质数据服务和更多的数据保障。利用高校主数据中心的海量数据开展财务统计分析和数据挖掘，从中提取出有价值、相关联的"全量数据"，瞄准难点、热点，狠抓关键环节，夯实数据赋能基础，优化数据赋能方式，建成数据赋能节点，从更高层次推动财务治理在高度融合、深度挖掘、广泛应用中实现数据价值最大化，合力提升高校的决策能力和执行效率。

（三）以科技程序定边界，强化数据安全性

要从高校层面加强对校园各类数据的顶层规划，建立统一数据标准体系，做到融合共享、公开透明。落实权责体系，明确岗位职责。财务部门作为财务治理的牵头部门，应主动开放财务数据，建立数据交叉分析模型，开展项目评价；技术部门建立统一数据中心，搭建数据共享平台，完善数据共享机制；项目执行部门或人员，完善经费管理使用，执行数据标准制度。高度重视数据安全和个人隐私保护，基于财务系统所处的主流分布式计算环境，规范数据系统标准、接口，加强数据的安全保护机制设计，通过对必要核心数据、实时数据的加密、脱敏、监控、审计和数据备份、恢复等操作，运用数据底层加密、磁盘加密和

驱动解密技术等方法，从源头上防止数据泄露。探索形成一套规范的建设标准和运行机制，明确各部门在数据采集、存储、分类及交换中的责任，把握好开放数据与维护师生隐私权方面的尺度，保证数据准确性、完整性和一致性。

（四）以开放创新增活力，凸显服务时代性

高校财务治理的着力点是激发活力，构建程序合理、环节完整、公开透明的管理体系；落脚点是增进师生福祉，共同参与管理事务，将创新驱动、绩效优先的要求贯穿治理全过程。因此，应强化数据开放理念，建立"数据决策、数据赋能、数据管理、数据创造"的机制，实现基于数据的决策、执行和反馈。要从多维度和多层次细分师生需求，充分利用大数据的精准、高效与全面关联分析功能为财务服务多样化提供技术支撑。以需求为导向，通过流程再造积极推动高校财务"供给侧改革"，提高经费保障契合度，进而改进服务方式，优化财务资源配置。创新更加高效的数据应用、智慧应用模型，突出财务报销服务、不见面审批服务等惠及师生的业务功能定制，让师生都能根据需要和规定灵活便捷地获取服务，共享数据红利。通过数据赋能，努力使财务发展体现更为明确的时代特征，具备更高品质的科技内涵。

（五）以人才保障强根本，促进转型现代化

在大数据时代，高校财务工作的范围不会仅仅局限于传统领域，而是延伸到教学、科研、人力资源等各个方面，与财务工作相关的数据都可能成为财务工作中的重要内容。未来的财务人员工作范围将不再局限于部门管理，而是立足于高校整体，为发展提供有效的财务管理，支持高校全方位的持续发展。因此，要改革现行的培养体制，建立新型的培养模式，将培养财务人员的大数据思维作为着力点，充分挖掘人才的大数据分析和应用能力，把财务信息化核心人才建设融入高校人才建设的总体部署之中，要以"宽口径、厚基础、强能力"为培养目标，培养一批适应大数据时代的财务专门的复合型人才。

大数据时代由于技术进步所导致的治理思维、方法和行为变革，既有自发的动力，也有来自外界的推力，彼此相互作用，使得传统管理在大数据技术的支撑下呈现出新的变化特征，从而推动着高校财务治理的新发展。面向未来，高校财务要充分运用大数据时代新动能所带来的有利条件，在高校内部治理体系现代化道路上不断探索前进。

第八节　大数据时代高校财务精细化管理的现状和优化对策

随着我国社会的不断发展、经济水平逐渐上升以及科学技术日益成熟，我国迎来了网络信息时代，相应也出现大量的信息数据，为各行各业提供了更广阔的发展空间，同时也带来很多全新的挑战。近年来，高校教育体系不断改革创新，教育成绩显著。高校不断扩招，给高校的财务管理工作带来一定困难，尤其是在当今大数据时代的背景下，实现高校精细化财务管理已是各大高校当前的首要任务。因此，本节就大数据时代高校财务精细化管理现状进行详细说明，并提出具体优化对策。

所谓大数据时代，是在目前网络信息技术发展形势良好的情况下，产生大量且复杂的信息形成的庞大数据。高校应当充分了解大数据时代的特性及重要性，加强对校内财务精细化管理的重视，提升财务管理水平。通过不断自我完善、自我提升的过程，完善财务精细化管理工作，高校才能从根本上促进其整体创办质量的提高，是高校持续发展的重要基础保证。因此，各大高校应该在大数据时代背景下，结合校内具体情况开展财务精细化管理各项工作。

一、大数据时代高校财务精细化管理的现状

（一）数据不能保证真实有效

由于高校办学规模大，校内有许多学生、教师及员工，并且随着高校近年来生源不断增加，这给财务人员带来很庞大的工作量，每天要面对更多的数据录入及输出。大数据时代要求高校财务管理者要详细对数据进行分析和选择，找到数据间的主要关系与存在的具体联系。但在具体的财务管理工作中，很多数据的收集准确率并不高，不能保证所有数据都是准确有效的，主要是因为高校管理部门过多，产生的数据渠道也随之增多，这些庞大的数据信息量甚至会导致传送过程中数据堵塞。

（二）财务信息安全系数低

高校的财务信息具有一定私密性，保证财务信息安全至关重要，因为高校的财务信息里面包括学生及教师的个人信息、高校各工作部门的重要机密和市场重要调查信息等，但现在很多高校的财务信息安全存在一定隐患，主要是因为校内财务管理信息技术水平有限以及相关人员在具体操作中不严谨。虽然很

多高校已经运用网络技术进行信息数据传输，但是在信息加密方面还有所欠缺，经常会发生网站被黑客攻击的现象。另外，相关管理者在实际操作时没有强烈的安全意识，很多时候信息验证的密码过于简单，这样对重要信息的安全造成严重威胁，存在巨大的安全隐患。

（三）专业财务管理人才缺乏

很多高校现有的财务管理人员对财务数据分析操作水平有限，缺少专业的财务精细化管理方面的综合型人才。专业的财务管理人才要具备处理大量的信息的能力，并且能在大量的信息数据中深层发掘到各种信息之间存在的主要关系与内在联系，有足够的编排数据结构的能力，将重要的有价值的数据信息筛选出来，运用网络技术最终将这些数据变成财务管理的重要数据参考。很多高校过于重视校内相关科技研发项目建设，缺乏专业的综合性财务管理人员。各大高校当前应当重点培养这方面的专业人才，填补现有的人才缺口。

二、大数据时代高校财务精细化管理的优化对策

（一）加强高校财务数据可靠性

高校目前管理、行政等部门逐渐增多，部门间内部关系复杂，结构混乱，给财务管理带来很大的工作困难，想要加强高校财务信息数据的可靠性，应该从源头抓起。首先，高校要对现有财务管理人员进行专业知识培训，对数据安全、准确方面的宣传要加强，提升财务管理人员以及全体教师的安全意识，促进财务信息的准确性与真实度提升。其次，财务管理人员对信息每个环节的管理进行精细化掌控，对信息的真实度进行严格审查，将信息收集过程中遇到的问题积极与所有的财务人员进行讨论，不断在工作中进行完善和提升。高校要摒弃传统财务观念，深刻认识到大数据时代下财务管理精细化的重要性，其关乎整个学校的信息安全，是每个在校人员都应重视的基本义务与责任。

（二）创建完善的财务信息安全体制

要真实有效地保障高校的信息安全，有关高校要制定出完整、严格、系统化的财务信息安全体制，加强完善各种防范措施，从根本上保障信息安全。首先，高校要对全校师生进行安全意识宣传，使之加强对信息安全的保护意识。其次，要关注财务信息密码设置、身份验证系统以及网站安全等，有效防止不法分子入侵盗取高校重要信息。最后，高校要积极鼓励校内专业的电脑技术人

员与财务管理人员对校内财务管理信息网站进行系统全新升级，结合高校自身实际情况，研发出更适合高校财务信息保护的系统。高校也可以选择安全可靠的外包企业帮助其进行系统研发项目。

（三）培养高校专业财务管理人才

高校要想实现财务精细化管理，首先，就要加强专业人才建设，制定完善的人才培养方案，增加数据信息安全管理以及精细化管理等课程安排，同时将更多校内资金投入财务管理科研项目中，要提高校内师资团队水平，全面培养综合型人才。其次，要对现有的高校财务管理部门进行专业精细化管理培训，聘请经验丰富的财务专家对高校财务管理部门进行专业知识讲解，拓展财务管理部门人员的专业知识，令其增长工作见识，提高财务人员信息操作技能，以更好地将高校财务进行精细化管理，促进高校财务管理水平提升。

大数据时代的到来，对各大高校财务管理也提出更新的要求，信息时代给高校财务管理带来机遇的同时，更带来崭新的挑战。高校要结合当前大数据时代发展形势，提高学校财务管理水平，提升财务管理人员对信息以及数据安全等方面的精细化把控。财务管理人员要加强自身的财务管理专业知识的学习与应用，增强现代网络技术操作能力，更快实现高校财务管理精细化，促进高校办学质量的整体提升。

第四章 区块链技术与高校财务管理

第一节 区块链技术对高校财务管理的影响

21世纪是信息技术迅猛发展的时代，继大数据、物联网和云计算等技术在世界范围内广泛应用之后，新的数字信息技术区块链也逐渐走进了人们的视野，并且在金融领域备受重视。近年来，会计相关领域对区块链技术的应用也提高了关注度。2016年德勤会计师事务所推出了首家"德勤欧洲、中东和非洲地区区块链实验室"，他们希望将这一新兴技术尽快地带入现实世界中。随着人们对区块链技术研究的深入，该项技术不仅仅应用于金融、物流、资产管理等领域，而将会更加广泛地应用于各行各业，这有可能会改变今后企业、高校的财务运作模式和管理机制。因此，本节从区块链技术的特点着手分析该项技术的广泛应用将会对高校的财务管理产生哪些方面的影响。

一、区块链的溯源及特点

1991年，哈伯和斯托内塔首先提出了关于区块的加密保护链产品。1998年尼克·萨博研究了电子货币分散化的机制，他将其称为"比特币"。2000年，诺斯特发表了加密保护链的统一理论，同时提出了一整套实施方案。2008年10月，中本聪提出了"区块"和"链"这两个概念，在随后被广泛使用时才形成一个新的词语"区块链"。

那么究竟什么是区块链呢？区块链是一种将时间顺序上产生的数据区块以链式结构存储，并辅以密码学原理保证数据真实性和准确性的分布式共享账本，其具有去中心化、去信任化、非对称加密、共同维护、不可篡改等特点。

在区块链模式中，业务的各方参与者产生的数据信息均通过网络节点接入区块，并以代码和分类账的形式保存于该节点中。由于每一个节点的信息与其他节点信息的交互都是建立在区块链共识的基础上的，因此业务的参与者之间无须建立信任机制，也无须传统的中介。在区块链的数据传递中，每一节点数据的更新都会与其他节点同步，这就是说每一数据节点的参与者既是数据的记录者、使用者，也是数据的维护者和监督者。如果某一节点数据发生改变，其他节点会通过密匙与之进行验证，如果不能匹配，其他节点会拒绝该节点的信息变更。因此区块链能有效地保障数据的真实性，确保数据不被恶意篡改。

二、区块链技术对高校财务管理的有利影响

高校的财务管理涉及各类数据信息，包括人员数据、缴费数据、科研业务往来数据等，可以说高校的财务管理包括了对财务数据信息的处理。区块链技术作为信息处理的底层技术，当其在财务领域被广泛应用时，高校也会随着相关行业运作和管理模式的变化而受到各方面的影响。

（一）有利于保障高校财务信息的真实性

高校的财务机构相对于学校这个庞大的机体来说是一个较小的管理和服务部门，其处理着学校所有跟财务相关的业务。财务人员没有足够的时间和精力去验证报销业务的真实性，仅能凭经验进行判断。假如区块链技术在各行业普及使用，那么所有的业务都将在区块链上有记录，会计数据的校验将通过链条完成。通过读取区块链上存储的信息，财务人员可以追溯业务发生的时间、地点、参与人等信息，及时验证业务的真实性，有效地降低了财务人员舞弊与差错的风险，有利于保障高校财务信息的真实性。

（二）有利于提高高校业务处理的效率

在高校中，一笔会计业务的发生，往往会涉及各个部门，需要部门之间分工与协作。学校的各个部门都有自己的一套运作系统，在通常情况下，这些系统并非出自一家公司，因此在数据传递上会存在对接难、耗时长等问题。此外，业务的办理会需经过各项审批手续，流程烦琐，耗时较长。比如，学校需要招投标一套大型设备仪器，可能需要设备管理部门、招投标部门、合同管理部门和财务部门的共同审批，每个部门需要的资料不同、审批的内容不同，经办人在办理时往往会多方协调，反复递交资料，如果资料需要部门负责人签字或者校级负责人签字，还会等待更长的时间。假如将这些数据信息录入系统，通过区块链技术进行存储和传递，那么所有的部门都可以读取相关信息，使用同一份资料，签审人员可以及时地看到其他部门的处理情况，部门负责人或校级负

责人也能通过系统读取区块上的数据来进行签署。因此，区块链技术的推广有利于优化高校业务办理的流程，缩短业务办理的时长，提高业务处理的效率。

（三）有利于高校电子票据的管理

电子票据是近两年出现的新事物，高校对于电子票据的报销管理没有统一的规定。电子票据并不具有有效的实体，在现行的会计制度中，财务报销需要纸质资料，因此在通常情况下会要求经办人将电子票据打印出来进行报销。但是打印版的电子票据并不具有唯一性，其可以被无限次复印，甚至在复印过程中票据信息可能被篡改，这些不具唯一性的打印版电子票据有可能被用于多次报销，这将增加高校财务舞弊的风险。在区块链模式下，业务交易将按时间顺序保存于数据区块中，并且所有交易都将被对外广播，重复性的交易会被其他区块拒绝。因此，业务的售货方开具电子票据上传到区块后，当购货方的财务在区块链上读取电子票据的信息进行验证并做账务处理时，该电子票据将被标记，既保证了电子票据数据的真实性，也使得这张电子票据不再具有被二次报销的可能性。

（四）有利于高校事业收入的及时确认和计量

新的《政府会计制度》于 2019 年全面实施，该制度规定财务会计需按权责发生制进行确认和计量，明确高校的事业收入应以合同完成进度为准进行确认。该制度在 2018 年末的补充规定中，给出了四种确认合同完成进度的方法。但是大多数的高校都没有合同管理系统，要通过合同确认收入是有一定难度的。在区块链模式下，合同的签订都通过数字化实现，合同的各项关键信息将被保存于区块的数据链中，合同签订的双方可以在数据链上传递合同执行情况等相关信息。同时，由于区块上的数据信息是按时间记录的，因此即便没有合同管理系统，高校财务部门也能通过提取区块上的数据获得收入确认的时间和确切的金额。

三、区块链技术在高校财务管理的应用中面临的挑战

尽管区块链技术的应用将会给高校的财务管理带来诸多有利的影响，但就现阶段而言，区块链技术的应用也会使高校面临设备技术、制度等方面的挑战。

（一）足够先进的硬件设备缺乏

区块链技术的普及应用，必然会导致数据信息量以惊人的速度成倍增加，这对高校的网络环境、硬件设施提出了较高的要求。高校必须拥有能处理大容

量数据的服务器设备。但现实中高校为了节约成本，服务器通常都较为老旧，无法处理超负荷的信息数据。因此当区块链技术真正普及时，高校首先要做的是更新服务器设备。

（二）相关制度法规的限制缺乏

在数据信息时代，传统财务会计的处理模式将会因受到冲击而发生改变。现有的法律法规对区块链等新技术并没有较为完善和系统的规定，会计制度也并未对新技术模式下的财务会计流程和业务处理方式给出规定和建议。高校的业务尤其是科研业务涉及各种行业，不同行业的会计数据缺乏统一的标准和接口，这给业务双方带来了交流困难，同时也不利于上级部门的统一监管。

（三）复合型人才的缺乏

区块链技术下的财务管理信息系统融合了最新的信息、物流、通讯、互联网等技术，提升了会计业务处理的效率，同时也将会计与其后续业务审计、税务等紧密联系在了一起，使得业务处理的时效性大幅上升。这就要求财务人员不仅仅具备财务知识，还需要具备会计数据资源管理能力，了解并使用新的数据信息处理技术。目前，高校的财务人员构成多为会计相关专业人员，极少有既懂财务又懂数据信息处理的复合型人才。因此，高校应改变传统财务人员招聘的专业限制，逐渐引进复合型财务管理人才。同时，高校还应对现有的财务人员加强数据信息管理、大数据安全等知识的培训，促使财务人员将新技术应用到财务管理工作中去，增强财务人员财务管理的工作能力，培养财务人员的信息安全意识。

（四）科技进步带来的机遇与挑战

区块链技术的出现不仅对信息技术行业有着巨大的影响，也冲击着金融、会计等行业，其独有的特点为高校的财务管理提供了保障财务信息真实性、提高财务业务处理效率、加强电子票据管理等问题的解决思路。同时，因为这项新技术的发展，高校也面临着设备技术、制度、人才缺乏等方面的挑战。因此，本节期望高校在关注区块链这项新技术发展的同时，逐渐改变旧的财务管理模式和观念，为迎接技术和行业的革新做好充分的准备。

四、区块链技术的新思维

（一）区块链的工作机理

区块链是非单一的，是由密码学、数学、网络学等多学科技术融合为一体而形成的数据区块组成的，每个区块中包含按照时间顺序产生的、无法被改动的数据信息，这些信息又是由现实交易形成的。整个区块链中有很多的节点，每一个节点遇到新数据时会记录下来，并在全网传播。其他的节点接收网络信息并进行数据是否真实合法的检验判断，检验通过的信息将存储在区块内，网络共识机制将会对区块内的数据进行检查，通过后储存在主链上。

（二）区块链的特点

1. 去信任化

从以上区块链的形成机理可以看到，区块链是通过双方直接清算，数据加密验证、核实并锁定信息的，取消了对第三方的依赖，减少了层级，降低了成本，避免了由于第三方所导致的失信风险和信息泄露风险。

2. 去中心化

传统的信息化管理模式通常有一个最高权限，其他的权限需要层层授权和审批，各层级权限不等。而在区块链技术中，每个节点的权限均是相同的，节点之间的联系通过共识机制维持，相关协议自动遵循，权限均等，义务均衡。

3. 匿名交易

区块链技术在信息交换过程中数据安全完整，各区块之间互相信任，信息处理即时完成清算，无需对身份加以验证，整个网络遵循固定的协议，匿名交易成为现实，为保护信息的安全性提供了可能。

4. 不可逆性

区块链的时间戳功能记录了储存在主链上的时间点，由于时间的不可逆性，会使信息有确定的时点。如果修改信息，就必须能控制一半以上的节点，然而信息量的增加导致节点数量也在增加，控制超过一半以上的节点非常困难，所以涂改交易和制造虚假交易变得不可能。

五、区块链技术应用于高校财务领域带来的变革

区块链因其较高的工作效率、较低的交易成本受到了各行各业的青睐。对于高校财务工作中存在的问题，可尝试借助区块链的优势，从信息化角度进行创新性思考和解决。

（一）区块链技术对预算管理的影响

预算是高校站在未来发展的角度，按照轻重缓急的顺序全面考虑各种关系的基础上，对办学资金形成的一种全面规划。区块链技术去中心化特点，避免了传统的预算编制由财务部门全权负责、其他部门配合不积极的状况，可以在没有人为干预的情况下，从业务部门自主获取预算编制需要的基础数据，帮助财务部门与其他部门建立联系，形成有效的数据流。同时，在信任假设条件下，区块链技术匿名交易的特点可以避免信任缺乏的弊端，提高信息的安全性。例如，预算编制需要采购部门的信息时，在区块链技术下，系统可以自动获取关于下一年度采购方面的规划，并结合市场信息综合考虑预算规模后生成预算。自主获取数据、自主编制预算、自主预算分析的全面管理的预算会计系统的建立，就是得益于区块链的强大功能。

（二）区块链技术对会计核算的影响

区块链具有去中心化的特点，即节点与节点间的信息不需要通过授权实现、没有级次差别，所以在总账目和分账目之间就不存在中心化的问题，全网所有节点都会保存全部的交易信息，具备分布式账本的特征。新技术将会在以下多个方面改变高校传统会计核算方法。

在单据稽核方面，新的技术环境改变了传统的人工识别方式，全部转换为由区块链技术所形成的网络系统进行信息的提取。由于区块链信息具有不可逆性及防改动的特点，涂改信息的行为很容易被其他节点发现，所以网络中的信息是比较安全的，发生信息舞弊和差错的可能性极小。例如，某高校教师因科研需要购买耗材，会产生增值税发票、入库单、合同等单据，区块链系统会储存这些留有时间戳的信息，报销时会从接口自动接至区块链系统中，以验证信息的符合程度。

在资金运作方面，借助区块链技术点对点的功能，无论是国内还是国外，不论金额大小，高校资金转移都不需要通过银行，可直接在单位之间实现，节省时间和手续费，提高工作效率。

在会计核算方面，区块链技术的去中心化特点可以使分布式记账成为可能，

数据的来源和控制均属于交易各方，不再需要第三方机构。此外，目前会计的部分计量属性很难得到准确的信息，运用区块链技术后，公允价值、可变现净值等数据便可通过网络找到真实、客观的信息，为客观核算提供支持。

在财务报告方面，传统的做法是上级部门布置任务，各下级单位填报后进行上报。运用区块链技术后，工作将变得简单化，相关部门需要报表数据时可以从链条中自动提取信息，保证数据的准确性，提高填报效率。

（三）区块链技术对信息系统的影响

在数字化浪潮下，目前高校的信息化建设只是简单地脱离了手工记账的传统阶段，今后区块链技术将对信息化水平的提升产生巨大的贡献。区块链系统的时间戳功能可以记录交易的时间信息，结构化存储方式将成为历史。数据存储方式的改变将在内外部信息的沟通中改变我们的生活。在高校内部的信息管理方面，目前的主动联络和上报信息将成为过去式，系统自动采集数据将极大地提高工作效率，信息更加客观准确，各部门之间信息还可以相互印证。在与外部其他单位的联系方面，不再需要中介机构，可以实现点对点的联络，如高校因基建需要从银行贷款融资时将没有门槛，高校从系统中发出信息，区块链网络收到信息后进行识别，通过的交易结算会显示执行进度，一定期限内高校就会收到融资款项，减少了复核等环节带来的成本。

（四）区块链技术对会计人员技能的影响

随着区块链技术在未来各领域的广泛应用，高校传统的会计核算和监督职能正在发生着转变，会计由财务会计向管理会计转化，会计人员由账务核算向战略管理转型。在新的环境下，一般的记账、报告等核算事项交给网络系统来完成，专业人员把更多的精力放在统筹了解高校的各个业务方面，分析信息、使用信息、管理信息，从而做好正确的战略规划。这就要求会计人员努力提高职业技能，提升自我价值，成为综合型管理人才，当财务咨询、战略管理等新职业岗位出现时，可以更快适应新的工作要求。

（五）区块链技术对内部审计的影响

区块链在促使会计工作产生变革的同时，对内部审计工作也带来了积极的影响。在新的技术环境下，内部审计人员看到的交易事项是公开透明的，可以看到交易的产生环境、发生时间、原始票据、交易金额等信息，极大地发挥了内部审计人员的监督职能。在实施审计程序时，传统的签字、沟通的手续和时间可简化和缩短，减少审计流程，提高审计效率。大数据会淘汰传统的抽样审计，以往人工抽样形成的弊端将在一定程度上得以避免。此外，信息的不可篡改性可以提高信息的可依赖程度，减少舞弊的可能性，降低内部审计人员的审计风险。可以设想，在不久的将来，企业单位可自行运用区块链技术对财务信息进行监督，"自审计"时代即将到来，第三方会计师事务所审计也许将会退出历史舞台。

第二节　基于区块链技术的高校智能财务系统架构

随着《政府会计制度》的实施和高校"双一流"建设工作的推进，国家对于高校财务管理水平提出了更高的要求。为进一步提升财务管理水平，高校需要更加智能的财务管理系统，而区块链技术在高校财务管理中的应用能够提升财务管理系统的效率和智能化程度。本节首先介绍了区块链的分布式架构、智能合约和数据加密等技术，进而探讨相关技术应用于智能财务系统的可行性，然后根据高校财务管理的相关需求，构建了基于区块链技术的高校智能财务系统架构，并且以具体业务场景为例对区块链技术应用于相关业务流程进行了解释，最后提出了区块链技术在高校财务管理发展中的应用建议。

区块链技术由中本聪在 2008 年最先提出，该技术是利用哈希函数将数据转换为哈希值，以密码学加密数据，将数据封装在数据区块中并将数据区块组合为数据链的一种分布式账本。区块链的发展阶段分为区块链 1.0、区块链 2.0 和区块链 3.0。区块链 1.0 和 2.0 的应用主要是在数字货币和金融领域。区块链发展到 3.0 时代后，将进入可编程社会阶段，技术可以应用到社会中的多个行业，因此区块链与财务管理的交叉研究成为一个重要方向。针对区块链与会计的研究方向，钟玮等提出了区块链应用的三个层次，以及区块链在会计确认、计量、记录和报告中的应用展望。王刚等提出了区块链在能源类企业会计结算和信息披露中的运用。许金叶等认为通过区块链技术进行信息采集、信息整合和信息分析监控，从而实现社会会计功能。针对区块链与审计研究方向，许金叶等还认为区块链技术在信息采集、传输和存储上具有优势，并且提出了联网审计的框架。陈旭等认为借助区块链技术可以实现事中审计、动态审计和远程审计。目前对于区块链技术的研究主要集中在企业财务方面，对于区块链技术与高校财务管理相关的研究涉及较少，在《政府会计制度》实施的背景下，对于高校财务管理内部控制、绩效评价、事中与事后监督的相关要求逐步提升，因此本节提出了基于区块链技术构建高校智能财务管理架构，并提升高校财务管理效率。

一、区块链技术在高校财务管理中应用的可行性与基础

（一）区块链技术在高校财务管理中应用的可行性

1. 去中心化的分布式结构

传统的高校财务管理基于中心化的财务管理系统，通过各业务模块开展工作。中心化的财务管理属于金字塔型管理模式，各业务节点隶属于中心化管理系统，依赖于财务管理的系统顶端指令。在业务模式上，由业务节点提交数据，各层管理员根据其自身权限同意后，最终汇总到财务管理的中心服务器。在数据管理上，中心化财务管理系统各节点权限不同，高权限节点拥有更高的数据权限，可以对低权限节点的数据进行批准和调整。

基于区块链的财务管理系统属于去中心化的分布式结构，各节点不再按照金字塔结构进行权限分配，而是形成了扁平化的分布式权限分配模式。各节点具有相同的数据管理权限，不受中心节点的支配。每项业务工作需要各节点一致同意，并且业务数据会在每个节点形成备份，不再按照传统业务模式上传到服务器，任何节点都不能擅自修改和调整数据，保证了财务管理工作的真实性，以防范风险。

2. 数据共识

高校财务管理业务涉及范围较广，对内涉及教学、人事、科研、物资、采购、设备、房产等业务管理，对外涉及教育管理部门、科研管理部门、财政管理部门、合作院所和合作企业等业务工作，业务节点涵盖了收支、核算和预算管理等多个方面，传统的业务模式需要各个节点发起业务并经过逐级审批才能完成，由于业务权限不同，各层级节点无法做到实时协同办理业务，需要等待上一层级审核完成后，业务才能进入下一阶段，业务时间成本较高。

基于区块链技术的财务管理模式，赋予了各节点相同的业务管理和数据管理权限。发起各项业务后，各节点可以实时协同进行业务审核和办理，各节点对业务和数据一致同意后，系统会自动在各节点备份数据，业务办理完成。

3. 数据追溯

财务数据是高校财务管理的重点，一旦发生财务数据篡改等情况，将产生极大的管理风险。区块链技术创新地采用了时间戳技术。各节点在区块中写入数据的时候，必须在区块头记录当时的时间，表明数据在这一时刻被写入或者修改。各节点可以利用时间戳对数据进行追溯，精确地查找出数据修改者或者

记录者，有效防止数据被篡改。

4. 智能合约

智能合约作为区块链财务管理系统的核心功能，是财务智能化的基础。利用算法生成可执行的计算机代码，将规则化和流程化的工作分解为多个条件。当业务数据匹配了智能合约中的全部条件，并且得到了全部节点的一致认可时，该项业务将自动执行，无须人工干预。智能合约可以应用到高校财务管理中部分规则化和流程化的业务中，能够提升财务管理效率。

5. 数据加密

基于区块链技术的财务管理系统利用哈希函数将高校财务数据转换为哈希函数值，哈希函数转换具有定时性和定长性的特点，无论原始数据长度是多少，都可以在相同时间内将财务数据转换为相同长度的数值，效率较高。转换过程具有单向性的特点，无法通过哈希函数值反推原始数据，以保证数据安全。

区块链技术的财务管理系统基于非对称加密原理，生成了加密和解密中所需的公钥和私钥，公钥和私钥之间无法互相推算。各节点可以利用公钥对数据进行加密，掌握对应私钥才能解密并查看数据，以防范数据风险。

（二）区块链技术在高校财务管理中应用的基础

1. 高校财务管理模式

目前高校财务管理已经进入信息化阶段，借助计算机程序改变了传统纸质化流程，由人工通过中心化财务管理系统完成各项业务工作。高校财务信息化系统基于传统财务管理模块，将业务分为了收支、核算和预算管理等主要模块，并且各个模块下包含了工资、报销、查询、科研管理等细分业务。

高校财务信息化为基于区块链的智能财务管理系统奠定了坚实基础，根据高校财务信息化的发展现状，完全放弃原有信息化系统，重新架构新的智能财务管理系统成本巨大。智能财务系统可以基于原有的信息化系统，将区块链、人工智能、大数据等新技术部署在系统中，利用新技术优化原有流程，改变原有的数据管理模式，可提升工作效率，同时节省开发成本。

2. 高校财务管理人才基础

基于区块链的智能财务系统需要工作人员具有扎实的财务管理知识以及一定的区块链技术能力。高校财务管理部门工作人员一般具有高等教育经历，部分具有硕士或博士学位，具有较强的学习能力，在已有的财务管理知识基础上，经过专业培训后，可以适应新的技术要求。同时工作人员也应具有一定的科学研究能力，可以承担相关课题和项目，对区块链智能财务系统相关的领域进行更深入的研究，解决系统在实际工作中的疑难问题，对财务和计算机技术交叉领域的问题进行研究和攻关。

二、高校区块链智能财务系统的架构

基于以上对区块链技术与高校财务管理体系的分析，构建高校区块链智能财务系统架构。

（一）应用层

应用层终端包括了电脑端、移动端。电脑端的应用将结合表单和人工智能技术，用户可以通过各个业务模块，利用表单提交相应业务数据，数据将使用非对称加密技术，以保证数据安全。在电脑端可以利用人工智能技术提升业务效率，当提交的数据量较大，或者需要在文本量较多的文件或报告中提炼财务数据时，可以利用人工智能模块进行提交。人工智能模块利用深度学习中的自然语言处理技术，将大文本的数据进行智能分词，去除停用词、语气词和标点符号等，利用正则表达式检索财务数据，根据所需数据类型直接将相关数据转入表单中，可以显著减少人工操作，利用智能方式提升数据录入效率。通过应用层提交财务数据，可以解决数据交换标准不统一的问题，为部门间财务数据对接提供了基础。

移动端将利用应用程序、公众号、小程序等形式，开发数据录入平台，各部门可以在移动办公的条件下便捷提交相关数据，不受时间地点的限制使用数据加密技术，工作便捷的同时还保证数据安全。

（二）智能合约层

根据高校财务管理工作的特点，智能合约层对流程化的工作自动执行计算机代码，使各项业务工作高效完成。高校财务管理主要以收支、核算和预算管理为主，因此智能合约主要从这三个方面入手，以智能财务流程优化原有的人工操作。

在收支方面，智能合约在学费收入、工资支出、报销支出、科研收支、工程建设、物资采购等方面可以根据业务场景设置触发条件，一旦区块链中各业务节点已经全部认可数据，并且区块链反馈的数据符合了触发的条件，业务将自动执行。

在核算方面，智能财务管理架构利用智能合约自动生成财务核算结果。智能合约基于新的《政府会计制度》，包含智能会计凭证、成本核算、智能账目、财产清查和报表智能生成模块。经过各节点认可的财务数据，将根据智能合约设置的条件，触发后智能生成核算结果和财务分析报告。

在预算管理方面，智能合约设置预算决策和预算使用模块。为了对高校管理层在科研投入、学科建设、工程建设等重大事项上进行财务数据支持，智能合约可以利用决策支持模块辅助高校管理层做出科学决策。预算决策模块基于收支与核算的结果和各部门往年财务数据设定触发条件，根据各部门的财务表现情况和各阶段的反馈，利用大数据分析形成多种评价的指标，结合机器学习和深度学习等人工智能技术，自动生成预算决策建议，辅助人工决策。同时结合各部门的资金往来和使用情况，制定预算使用触发条件，对资金往来与使用情况的合规性和合理性进行智能监督，实时监管。基于资金使用情况，在符合财务管理要求的基础上对预算配置进行动态调整。

（三）业务节点层

各部门通过应用层提交业务数据后，数据经过智能合约层进入业务节点层。业务节点层设置校内节点和校外节点两大类。

在校内设置现金收支、业务核算、预算管理、业务监督等业务节点，各节点具有相同的业务管理权限，在具体的业务场景中各节点依据自身的职责范围，对数据进行管理审核，对数据的合理性和合规性做出判断。各种业务的开展不再是逐级审核的模式，而是将业务传播至各业务节点，各节点实时响应具体业务进行办理，完成后在系统中同意该项业务。只有各节点一致同意一项业务，并且记录相关业务数据，该业务才能完成。

校外业务节点的设置需要兼顾校外合作、上级监管和审计三个方面。随着高校对外合作的进一步加强，横向课题和纵向课题数量逐年上升，与基金管理部门、兄弟高校、科研中心、企业的合作程度逐步加深，资金往来和财务数据对接需求进一步提高，在对外的财务管理上需要进一步提升工作效率和确保数据安全。区块链财务管理系统将合作的高校、企业等单位的财务管理部门设置为业务节点，拥有合作业务的数据管理和办理权限。在校外发起业务需要校内响应或者校内发起业务需要校外响应的场景下，各节点能够实时协同办理业务，提升工作效率。

国家对于高校的投入资金逐年增加，对于资金的使用效率和资金监管越来越重视，通过区块链的财务管理系统，基于非对称加密的技术，为上级教育监管部门和财政监管部门赋予一定的私钥权限，可以查询区块链上的数据，查看各项业务的资金流向和资金使用绩效，防范财务风险，同时可以减少人工数据上报的相关工作，提高财务管理效率。税务部门通过私钥可以查询高校涉税项目的缴税情况，对税收工作进行有效监管。

高校作为被审计单位，需要接受阶段性审计和领导经济责任审计等。非现场审计需要高校将相关财务数据和材料传递给审计方，审计方将财务数据导入审计系统中，才能开展审计工作。这一过程降低了审计方的工作效率，增加了工作成本。在现场审计中，利用原始凭证和账目资料人工查找相关审计线索和违规事项，缺少现代化技术支撑，也影响了工作效率。通过区块链财务管理系统，审计方可以利用时间戳回溯财务数据，对任何有疑问的数据都可以追溯到其源头。《关于实行审计全覆盖的实施意见》提出了建立审计实时监督系统的要求，区块链财务管理系统利用非对称加密为审计方提供一定权限的私钥，赋予数据查询权限，各项财务数据无须导入审计方系统，可以直接在被审计单位系统中实时查看。同时，由于区块链技术在各业务节点分布式储存了财务数据，审计方可以非常便利地在任何业务节点查询相关财务数据。通过财务管理系统提供的大数据分析功能，基于深度学习和神经网络的相关技术，可以利用技术辅助审计单位判断财务风险。

（四）数据层

基于区块链的智能财务系统在数据存储上以业务作为区块链的划分原则，为每一种业务创建一条私有链，各种业务区块数据不重合，只有该私有链的业务节点可以利用私钥完成业务和查看数据。在一种业务的私有链上，各业务节点根据自身的职责和权限完成数据校验工作，确认数据的有效性和合规性。每一个节点完成工作后，系统会根据完成时间加盖时间戳，作为工作证明。全部节点一致同意该业务后，系统将财务数据转换为哈希函数值，连同时间戳、区块头信息封装到区块中，同时将区块利用非对称加密技术进行加密，利用哈希函数值将前后区块相连，记录到私有链的主链上，在每个业务节点形成备份，实现分布式存储。

（五）高校区块链智能财务系统的业务演示

以高校财务工作中常见的科研报销场景为例，传统报销流程以现场操作为主，教职员工和学生需要提前准备好全部原始票据，填写申请，由经办人员现场审核，报销事项较多，经常出现排队情况。经办人员审核后材料传递到下一个业务点，由会计核算人员进行记账，完成报销等流程，再传递给出纳人员将信息传递给银行，由银行最终将款项打入报销人账户，相关财务信息上传到高校财务管理服务器中。

基于区块链的高校智能财务系统的报销流程是，由报销人在电脑端或手机端提交报销申请，以表单形式提炼报销信息，或直接复制粘贴有关报销信息，由人工智能模块自动提取信息，相关财务信息触发智能合约中的收支模块，系统自动给出业务完成所需的触发条件，自动对接相关数据中心核实发票真伪。报销信息传播到全部业务节点，由各业务节点按照其自身权限实时协同办理业务。各节点完成业务办理后，相关财务数据在全部节点备份，加入时间戳并进行数据加密。各节点完成后，业务满足了智能合约的触发条件，系统对接的银行系统自动将款项打入报销人账户，报销业务完成。在这一业务场景中，系统以智能化工作流程减少原有的人工操作流程，提升了业务办理效率。

三、基于区块链技术的高校智能财务系统的应用建议

（一）硬件设备

基于区块链技术的高校智能财务系统改变了原有的中心化系统模式，使得各业务节点拥有相同的业务管理权限，数据处理量将会有极大提升，对各节点的硬件设备有了更高的要求。因此，各业务节点需要进行相应的硬件设备升级，加大内存量，提升中央处理器和图形处理器的性能，使系统配置适应大数据计算和深度学习处理，满足智能财务系统的运行需求。

（二）系统衔接

基于区块链技术的智能财务系统以原有财务信息化系统为基础，在系统底层应用区块链技术，需要做好系统的衔接工作，以解决基础问题。第一，需要统一系统接口标准，确保接口安全和接口的访问效率，按照系统协议的版本要求对各功能做好规范，确保系统功能达标，保证系统的可扩展性。第二，区块链技术与财务信息系统的对接还需要统一数据格式的编码，确保各数据来源和各业务类型的数据通信，按照系统协议验证数据的合法性。第三，系统对接需要注意兼容性，接口协议的版本能够向下兼容，需要确定接口的功能特征，确定合适的访问参数。第四，系统对接需要注意安全控制，定期进行安全评估，做好系统访问的控制工作。

（三）数据安全

基于区块链技术的智能财务系统将财务数据分布式存储在各业务节点上，因此对于节点数据安全的要求显著提升。各业务节点在部署系统时，应建立专

线内网进行数据通信，做好专线内网和公网数据的隔离。专线内网的访问权限需要严格控制，各节点可以使用加密硬件强化数据的管理控制。同时，各节点需要注意防范网络攻击，使用安全等级较高的防护软件，严防数据被窃取。

（四）法律和行业制度保障

区块链技术与高校智能财务系统的融合，需要会计行业或监管部门出台相关的技术规范和行业标准，对系统搭建、业务流程、数据标准和内部控制等方面做出制度规范，促使其合理有序健康发展。与此同时，区块链技术与高校智能财务管理系统逐渐融合，需要监管部门对相关数据的利用进行有效的监管，需要法律上的明确规定。

（五）业务流程

高校财务管理的工作流程基于财务信息化系统，财务信息化系统与区块链技术融合后，需要对原有工作流程进行调整和优化，针对不同业务场景设定不同的智能合约和触发条件。针对收支、核算和预算管理等业务，在兼顾内部控制的原则上，根据业务内容重新规划业务节点，同时针对银行等合作单位还需要进行外部业务流程的重新优化。

（六）人才培养

基于区块链的高校智能财务系统应用后，财务人员需要掌握区块链技术和具备财务大数据分析能力，能够利用机器学习、深度学习和神经网络等技术分析财务相关数据，做好高校财务的成本控制和财务数据的分析预判。因此，高校财务部门需要组织相关专业技能培训，将财务管理知识和区块链技术结合起来，培养复合型的财务管理人才。

基于区块链技术的高校智能财务系统，以分布式架构进行业务处理，基于数据共识、时间戳和数据加密将数据写入区块链，确保财务数据不可篡改，利用智能合约在各个业务场景智能化完成业务，同时进行财务数据的分析和预测，为高校管理层提供有效的决策依据。区块链技术未来将会与财务系统进行更多领域的融合。例如，各个高校的私有链可以组成联盟链，有助于院校间的科研业务合作，上级监管部门可以利用私钥查看财务数据来进行监管，利用相关大数据工具进行绩效评估。区块链技术作为一种新的信息技术，与现有系统的融合会存在一定的局限性，需要更多的政策支持，需要各方共同努力才能使区块链技术更好地应用于高校智能财务管理系统中。

第三节　基于区块链技术的会计监督优化与应用

随着社会经济大环境的变化，我国会计体系也在实时更新。会计监督作为我国会计工作、财务管理的基础，理应得到社会各界的重视。但是，目前我国会计监督工作却容易出现差错，各界会计监督能力弱化，会计监督形式主义事件时有发生，所以完善会计监督体系迫在眉睫。区块链技术已在各行各业广泛应用，在此背景下，区块链应用在会计监督环节已是大势所趋。

当前，我国已步入经济运行的新时代，会计工作环境与市场经济运行体系都在发生变化，会计监督的工作难度也在不断加大。在实际工作中，对会计信息的质量要求也更加严格，这使得许多审计人员在执行会计监督的过程中会遇到较大的阻碍，使其监督职能不能有效实现。近些年来，区块链技术已逐渐试水会计领域，区块链所具有的独特的分布式账簿，可有效应用于企业内部一系列会计监督工作。

一、我国会计监督执行现状

所谓会计监督，简单来说，包括内部监督和外部监督两方面。内部监督会受到所处环境和岗位的牵制，监督效力往往不及外部监督。而外部监督，就是为我们所知晓的会计师事务所监督，其所涉及的程序和步骤也更加繁杂。会计监督对于我国每一家企业来说，都是不可避免的环节。但近日，随着上市公司修改企业年报的事件频频发生，我国会计监督工作似乎按下了"红灯"，调整"会计差错"似乎成为会计人员的家常便饭。我国会计监督体系的有序运行已经受到了威胁，会计监督工作的可信度受到冲击。由此，暴露出我国会计监督执行上存在的诸多问题。

（一）会计监督信息失真现象时有发生

企业会计监督信息失真的问题是会计监督工作中的一个关键突破点。若企业内部所提供的会计信息无法真实地反映企业日常的收入和支出，就会导致给社会大众、国家财政、审计与税务机关提供企业虚假的盈利情况，使人们无法对企业有一个真实的了解和认识，从而所得到的审计结果不能真实反映企业经营情况。另外，会计师事务所在对企业进行社会监督时，因为获取了虚假的企业会计原始凭证，或是受到金钱与利益的驱使，使其在监督过程中，缺少审计强制力，也会造成审计结果不真实，使会计监督失效。

（二）会计主体责任模糊

当前我国大部分企业的会计人员均为企业内部职工，企业会设置专门的财务部门，来管理企业财务工作，进行会计监督，企业负责人会直接安排相关岗位。但目前一些企业财务部门的负责人并不具备专业的会计职业能力，对会计职责的划分并不符合企业内部控制的要求，有些会计人员甚至身兼多职，对会计职责了解不够，违反了不相容职务相分离的原则。另外，由于会计人员身处企业内部，很容易受到管理层及其他会计人员的行为指引，"任人唯亲"的现象时有发生，这对企业会计监督工作的开展无疑是一个较大的阻碍。

（三）管理层审计意识不足

管理层一般掌握企业执政大权，有些并非会计人员出身，对财务方面缺少专业的职业素养，对内部审计工作缺少正确的认识，由此造成了其对内部审计工作不够重视，不能准确地对内部审计进行定位。有些企业甚至不设置内部审计岗位，使内部审计的独立性受到不利影响，审计工作无法独立进行，导致内部监督形同虚设。由此可见，提高企业会计监督质量需提高管理人员的重视程度，只有管理层亲力亲为，才能调动会计人员的积极性，才能确保企业内部审计监督工作保质保量地完成。

（四）审计机构能力参差不齐

对于一些小微企业来说，当企业中未设置专门的审计部门时，其往往会选择会计师事务所来协助执行会计监督工作。除去我们所熟知的四大会计师事务所之外，我国小型审计机构也非常多，他们的执业能力差距较大。在市场竞争加剧的今天，有些审计机构为了追求一己私利，违反从业道德，迎合客户需要，对委托人所存在的问题避重就轻，甚至视而不见，为企业内部经营者财务造假开了"绿灯"，违背了审计过程的真实性原则，形成了我国会计监督环境的不良风气，对我国注册会计师的公信力造成影响，使社会监督的效力降低，使我国的会计监督工作效果大打折扣。

二、区块链技术在高校会计监督中的应用

社会市场经济环境的不断变化，对高校会计监督的要求也变得更加严格。高校不能满足于现状，须应用技术手段来完善高校的内部监督制度，从根本上改变部分高校会计监督不力的现状。如今，区块链已成为互联网时代的一项颠覆性技术，其独特的去中心化、信任机制已受到会计、金融领域的高度重视，

想必在未来会得到广泛运用，对完善高校会计监督体系产生积极作用。

（一）应用区块链可提供真实可靠的会计信息

在高校财务系统中应用区块链技术，由于区块链具有开放性与信息不可篡改的特性，可以保证高校中每个员工都能对会计信息进行记录与核对。区块链上的数据具有相互关联性。当工作人员在分布式账簿上记录具体业务时，系统上的各个节点都会收到通知，只有在该数据被其他节点的工作人员所认可时，该项数据才会被成功记录。比如，当高校会计人员采购学生教材获取原始凭证时，在教材后续发放过程中，录入分布式账簿中的数据必须与前期预算记录的数据保持一致，否则系统会默认为错误信息而拒绝录入。这样高效准确的区块链系统，保证了高校财务信息的真实准确，避免了高校会计人员谎报财务数据的事件发生，是提高高校会计监督工作质量的基础。

（二）应用区块链可减少管理层的干预

大部分高校都设置了本校内部的财务部门，财务工作与会计监督都在校内进行，这就造成了会计信息造假的事件时有发生。部门高校领导存在为了个人私利而驱使财务人员对其会计信息进行"技术造假"，违背了会计职业道德与会计监督职能要求。区块链的出现，则在很大程度上避免行政干预的情况发生。区块链独特的不可篡改的特点，使经济活动数据一旦成功录入区块链中，就无法删除更改。除非区块链上 51% 的节点同时修改，但这种情形发生的可能性是微乎其微的，这使得链上数据更加真实可靠，大大减少了管理层对会计信息的干预。此外，区块链技术的运用需要高校全体员工参与信息录入工作，这样有助于分散会计责任，使得全体教职工共同承担维护高校会计信息的合法性、完整性与有效性的责任，促进高校会计监督工作有序地开展。

（三）应用区块链可避免对会计监督的阻碍

高校经济业务错综复杂，部分高校将财务工作外包给代理记账公司，这对会计监督的实施造成了障碍。由于代理记账公司经济业务繁多，有时不能确保高校会计信息的时效性，会计信息的滞后会给会计监督部门带来较大压力。加上校方管理者会计责任意识的缺乏，有时会要求财务人员进行"暗箱操作"，这无疑会给会计监督工作带来阻碍。由此引入区块链技术，运用区块链技术不可伪造的特性和时间戳功能，可保证高校会计信息的实时性和准确性。高校涉及时间维度的经济业务较多，如知识产权等敏感领域对时间的准确度要求很高。区块链技术建立了互联网时间维度，将历史重现变为可能。高校未来应全方位引入区块链技术，以此来维护会计监督工作的有序进行。

大数据时代已经到来，人们对区块链技术的重视程度不断加深，区块链技术凭借其优势，通过时间这一主要轴线，可以确保某一地区、某一行业的会计监督工作顺利开展。从很大程度上来说，区块链可以解决企业在会计监督过程中所面临的责任意识缺失、会计信息造假、监督效率较低等各种问题。同时，区域链技术的应用也会大大降低政府监督、审计监督以及企业自身内部监督的难度，提高会计监督工作的效率与效力，保证企业内部会计信息的真实与可靠，防止会计信息失真事件的发生。目前，我国区块链技术应用的程度还不高，涉及范围也不广，但区块链技术在企业会计监督过程中的应用价值很高，值得企业对其应用推广。区块链技术的应用还对营造健康良好的会计发展环境与社会诚信体系具有重要意义。

第四节　区块链技术在高校财务共享服务平台中的应用

大数据时代背景下，信息技术的发展给高校财务信息化带来了机遇与挑战。区块链技术的发展和应用领域的拓展引起各个行业的高度关注。本节阐述了区块链技术与高校财务共享服务平台相融合的技术可行性，以此基础构建了高校财务共享服务平台框架模型，并以高校报销流程为例，说明区块链技术在高校财务共享服务平台中的应用。将区块链技术与高校财务共享服务平台融合，为高校财务会计向管理会计转型和高校财务信息化的发展提供借鉴和思考。

区块链起源于比特币发行中的底层技术，作为一项突破性技术其应用前景十分广阔。国务院颁布的《"十三五"国家信息化规划》建议加强区块链和人工智能等战略前沿技术研究。区块链技术是一种对一段时间内所有交易或者电子行为进行记录的分布式数据记录技术研究。近几年，区块链技术开始引入会计领域。随着中国政治经济的稳步发展，国家对高校的财政投入不断增加，高等教育的建设也得到了加强。高校经济规模不断扩大，收入趋向多元化，出现了多校区、多模式、多城区办学的情况。高校的财务工作量快速增加且日益复杂化，传统的高校财务模式已经跟不上高校发展的需要。特别是随着高校服务质量的升级，高校的经济活动日益复杂多样，财务管理面临着科研经费多样化、预算管理详细化、财务信息公开化等发展现状，这就需要使高校的财务处理和管理方法更加科学。随着信息化的发展，高校要及时更新其信息系统，才能实现监管、预算的及时性和完整性，为战略决策打好基础，实现价值创造和绩效提升。通过私有区块链对财务信息进行整合、分析，建设基于大数据思维的区块链财务共享平台能够实现核算中心化、存储分散化的目标，并且促使高校利用财务信息做出最优决策，从而实现资源的合理配置、信息共享。

在大数据时代，信息成为一种宝贵的数据资源。高校财务信息涉及的人员多、业务杂，除了需要披露的信息以外仍然有大部分的信息需要得到可靠的保护。财务共享服务平台将数据集中化处理，一旦出现漏洞就可能导致所有数据的泄露，增加了数据的安全隐患。高校需要探索出一种高效、便捷、透明、安全的财务管理模式，即建立基于区块链技术的高校财务工作共享服务平台。将财务共享服务平台与区块链技术结合起来不但能够解决传统高校财务工作中存在的效率较低、信息不流畅、数据整合能力差等问题，还能避免财务共享服务平台存在的数据安全隐患。

一、区块链与高校财务信息化融合的研究现状

（一）高校财务信息化的发展

高校财务信息化经历的第一个阶段是会计电算化阶段，用计算机取代手工进行基本的账务处理。第二个阶段是财务管理平台阶段，可以通过财务管理平台进行简单的业务查询和处理。第三个阶段就是现在的财务共享阶段，以信息技术为基础使得高校财务工作变得自助化、智能化，使得会计信息更准确、更具时效性、信息更流畅。吴胜和苏琴认为高校应该首先将大数据技术应用在会计领域，因为高校的财务人员的财务素质以及信息处理技能高，应用创新能力强。蔡雪辉探讨了在大数据时代高校财务面临的挑战与创新，指出高校财务工作应当向流程化、信息化、智能化的方向发展。韩俊仕认为构建高校财务共享服务平台可以将高校财务工作流程化、标准化，从而提高高校财务管理工作效率和水平，实现高校财务职能的转变，为高校创造价值。另外，建立财务共享服务平台还能提高各高校之间的财务信息的可比性。江小琴提出构建高校财务共享服务平台的目标是绩效提升和价值创造，还应当满足教职工、学生、监管单位和其他利益相关者的个性化需求。

（二）区块链技术在会计领域的应用

近年来，区块链技术开始引入会计领域，虽然仅处于探索实验阶段，但是区块链技术在会计领域应用带来的优势已经显现出来。许金叶和朱莺莺认为区块链的分布式账本技术、安全秘钥、不可篡改、智能合约、公开透明这些特点将会颠覆传统会计模式。樊斌和李银认为信用是会计的立身之本，区块链的分

布式账本模式免除了第三方授信，以数学算法作为背书，削减了现有的信用成本。钟玮和贾英姿认为区块链之所以在全球会计行业中得到重视是因为区块链的核心技术能够满足大数据时代对会计行业及时性、准确性、真实性的要求。章刘成和于琳琳认为区块链技术可以让财务数据不可篡改、具有可追溯性，所以在建立财务共享系统时可以利用区块链技术。德勤、普华永道会计师事务所均已对区块链进行战略布局，重点发展建立在区块链基础上的会计体系。

高校作为一个教育培养和科研单位始终走在创新的前沿，高校财务管理也应该顺应财务信息化的发展趋势。高校财务信息化的发展趋势是，构建高校财务共享服务平台。但是，在构建高校财务共享服务平台的过程中仍然存在财务数据的准确性、安全性得不到保证等问题有待解决。区块链技术在会计领域的探索和发现，正好可以解决高校财务共享服务平台存在的问题，将区块链技术与高校财务共享服务平台相融合能更好地满足高校发展的需要。

二、区块链技术与高校财务共享服务平台的融合机制

将区块链技术应用于高校财务共享服务平台的构建并不是简单的叠加，而是在高校财务管理中的关键点，融入区块链核心技术，用区块链核心技术来弥补高校财务共享服务平台中的短板，这将会颠覆传统的高校财务工作。

（一）前台客户端登录环节

区块链分为三种模式，分别是公有链、联盟链和私有链。公有链是对所有人开放的，任何一个节点都可以登录进来参与记账与获取信息。联盟链只对系统内的成员开放，通常由若干个机构组成，系统内节点可以登录来记录交易、读取信息。私有链是只将权限授予一部分节点，使之可以登录进行交易记录，但是任何一个节点都可以登录读取信息。

在构建高校财务共享服务平台过程中运用的是区块链的私有链模式。区块链的写入权限由高校来控制，只有学生、教职工、校内业务部门具有写入权限，形成了一种半去中心化系统，读取权限是对外开放的。经费监管单位、社会公众、其他利益相关人都可以读取相关数据，有利于督促高校合理合法地使用经费。

（二）核心模块运作环节

在财务信息准确性方面，区块链的分布式记账，可理解为一种去中心化的记账方式，从各个终端进行交易，所传递的信息需要其他节点认可后才能够上传。区块链分布式记账的特点使其所传递的信息公开、真实、安全。区块链共

识机制确保了每一个终端的用户信息以及所传达的交易内容是可信的。

在财务信息真实性方面，区块链具有不可篡改性，能够保证终端用户进行业务处理后不会被非法篡改。在高校财务共享服务平台中运用区块链的不可篡改性能够保证高校财务工作的真实性，有效避免财务舞弊行为。

在财务信息安全性方面，区块链的非对称加密技术需要两个秘钥合作进行加密和解密，一个是公钥，一个是私钥，公钥和私钥是配对出现的，如果公钥加密就只能用配对私钥进行解密，如果用私钥加密就只能用配对公钥进行解密。非对称加密技术比一般的保密措施更加可靠。将非对称加密技术运用在高校财务共享服务平台的核心模块中可以有效保护高校的财务数据和隐私的安全。

（三）财务信息共享环节

《高等学校信息公开办法》规定各高校应当根据自身实际情况公开披露财务信息。高校需要对财务预(决)算情况、收费情况、资产管理情况、招投标情况、信息公开监督方式等方面进行披露。但是，现阶段高校披露仍然存在披露内容不全面、披露内容不够公开、披露时间不及时、披露格式不统一等不足需要完善。

在分布式记账技术下所上传的交易信息具有公开透明的特点，一笔业务的形成必须得到其他终端用户的认可，即达成共识。监管机构和其他相关人员也具有权限读取相关数据。在这种机制下信息高度共享，将不存在信息披露不及时、披露不足等问题。

与此同时，高校财务人员的工作量不断增加，会计业务也趋向复杂，高校财务人员的工作效率不能满足高校发展的需要。业务流程的签字、审批环节过于复杂，制约了会计工作效率的提高。各监管平台、社会公众对高校会计信息的需求增加，要求也更加严格，在这个大背景下，高校财务工作的效率必须得到提高。虽然现阶段高校的网络报销系统解决了"排长队、报销难"的问题，但是财务人员的工作仍然繁重，有大量的网络单据需要处理，而且会出现单据不合格导致返工率高的情况。将共识机制运用在高校财务共享服务平台中可以从根本上将财务人员从繁重的报销业务中解放出来，因为在共识机制下形成的交易是真实的、可靠的，可以简化高校日常账务处理中的审核流程。另外，高校还可以利用区块链的智能合约技术，智能合约是指事先拟定好规则和条款，当条件满足时自动执行的合约。将智能合约应用在一些简单、重复的交易中，如高校的一些比较简单的收费业务，当满足条约所约定的条款时将自动执行。这样可以使财务人员免于这些重复和大量的业务操作，并可以避免人工操作造成的错误，提高财务人员的工作效率。

三、基于区块链技术的高校财务共享服务平台框架构建

通过上述分析，我们构建基于区块链技术的高校财务共享服务平台框架。

（一）终端登录（云计算应用层）

利用区块链分布式记账的特点，学生或者教职工可以通过个人计算机、自助设备或者智能终端用学号、工号进行登录。每一个账户都是一个具有写入权限的节点，登录后根据前台客户端的选项办理相关业务，所上传的交易信息在各节点达成共识后上传至平台核心模块分类进行处理。

（二）平台核心模块（区块链应用层）

平台核心模块主要由以下几个模块构成：人员信息模块，处理学历、学位、证书、课题、专利等方面的信息；票据影像模块，客户端用户发生业务时所产生的原始凭证通过扫描的方式上传到财务共享服务平台；银校互联模块，学生进行线上缴费之后银行自动生成凭证交给财务共享服务平台进行账务处理；预算控制模块，由校内综合预算、专项经费预算、科研经费三部分构成，含预算编制、下达、调整与内部控制等功能；公务卡结算模块，公务卡是一种新的结算方式，教职工可用公务卡结算差旅费、会议费、招待费和零星购买支出等；财务报告模块，合并高校不同校区的报表，整合高校财务信息。

（三）经费监管平台与信息交互平台（数据交互层）

校内信息交互平台是具有写入信息权限的节点。高校财务共享服务平台与信息交互平台下的各个系统进行对接，实现高校财务信息与业务信息的一体化，引导高校工作朝智能化、信息化的方向发展。校外监管平台具有读取信息的权限。高校财务共享服务平台与高校经费监管平台相对接，促使高校的开支合法合规。将高校内各管理系统和校外监管平台融入高校财务共享服务平台，打破各个部门的信息壁垒，实现高校信息共享，避免出现信息孤岛。

（四）辅助决策支持平台（大数据分析层）

辅助决策支持平台即大数据分析层，由总体分析系统、预警分析系统、系统管理系统构成。在基于区块链数据整合的基础上，利用大数据的方式对高校的财务信息进行全面、深入的分析，为主管部门和高校决策提供及时、可靠的依据。总体分析系统以高校财务数据为基础，对高校资金的增减变动、结构占比进行分析，从而评估高校资金使用是否合理。预警分析系统把高校的实际收支情况与预算进行比较分析，以确保高校财务支出的合理性。系统管理系统对

整个高校财务共享服务平台进行管理，让财务共享服务平台内部应共享的信息及时共享，应保密的信息得到可靠的保护。高校财务人员的工作重心将会由传统的简单会计核算转化为对高校财务信息进行分析。财务人员需要拥有良好的大数据思维，加强大数据技术在财务工作中的运用和指导力度，才能充分发挥大数据在财务工作中的分析和预测作用，以促进高校持续、健康、稳定发展。

四、区块链技术在高校财务共享服务平台上应用的实例设计

（一）高校报销流程现状

高校教职工一直以来都被"报销难"这一问题困扰着。随着国家对高校投入增加，高校经济规模不断扩大，收入渠道多元化。传统的财务报销制度早已不能适应高校财务工作的需要。为能解决"报销难"这一问题，高校财务报销体系也在不断完善。现阶段的高校报销系统是基于互联网的网上预约报销体系。

虽然现阶段高校的网络报销系统解决了"排长队、报销难"的问题，但是财务人员的工作仍然繁重，因为报销业务流程的签字、审批环节过于复杂，有大量的网络单据需要处理，制约了财务工作效率的提高，而且会出现单据不合格导致返工率高的情况。

（二）高校报销流程优化

基于区块链技术的高校财务共享服务平台能从根本上解决"报销难"这一问题，并且能简化报销流程，减少高校财务人员的工作量，提高报销效率。每一个账户登录系统后都是一个节点，用智能终端登录平台后选择需要处理的业务类型并按要求填写报销单，将相关原始凭证扫描上传。在区块链的共识机制下每一个节点上传的交易信息都需要经过其他不相关节点的认可才能成功上传。要想达成共识，需要得到预算控制模块的认可，预算控制模块可以发挥严格把控高校财务支出状况的作用。若未达成共识流程将返回到填写报销单页面使报销人修改报销单，并重新上传相关原始凭证。在共识机制下形成的交易基本上真实可靠，不需经过层层签字、审核。运用区块链的智能合约技术，在一项报销业务达成共识并满足事先设定好的智能合约后，将自动支付报销款项。利用智能合约支付报销款，不但能够在第一时间报销成功，还能避免财务人员人工操作可能会带来的支付失误。而没有达到智能合约条件的报销业务，将进行人工审核，审核通过后转账支付报销款项。

五、区块链技术在高校财务共享服务领域应用中的风险应对

随着信息技术的不断发展和智慧校园建设的推进，区块链这一技术可能会给高校财务工作带来巨大的变革。高校可顺应财务信息化发展的潮流，建立基于区块链技术的高校财务共享服务平台，来解决高校财务现阶段所面临的问题。本节基于大数据思维，以区块链的技术为基础构建出一个高校财务共享服务平台的框架。这一框架依赖于区块链技术的成熟、人员和资金的保障以及管理制度的完善。我们应该结合区块链技术从以下几个方面去应对管理风险。

第一，利用共识机制，合理安排职能划分。共识机制可以在区块链技术应用的过程中实现效率与安全的平衡，共识机制使去中心化的区块链技术的账本系统成为可能。共识机制可以帮助高校财务共享平台实现合理的职能划分，可以把工作人员视为一个个的参与节点，把他们合理分配到每个节点上，让其负责一定的工作，使其日后工作绩效的评价可以有据可依，解决了职责划分不明确的问题，实现人岗对应。

第二，利用分布式账本，实现组织运转高效运行。分布式账本由分布在不同地方的多个节点共同完成，每个阶段都记录了完整的账目，方便后期工作的审核与检查，提高了工作的效率。一个参与者可以获得唯一真实账本的副本，账本中一旦出现任何变动都会在副本中显现出来。这样就避免了一处变动，需要涉及的信息都手动更改，提高了财务工作的处理速度。

第三，做好技术风险的防范。在高校财务共享服务平台中，技术是平台创建的基础，一切系统构建都是基于底层技术，随着信息化程度的加深，财务共享服务系统是基于多个信息系统的有机构成。信息系统的集成涉及多个部门之间的协作，合理地梳理流程、组织资源、获取信息和数据，从而解决信息数据的孤岛问题，这些都是技术层面可能存在的风险。要应对此类风险，可以从以下几个方面去防范：在现有信息管理的基础上，招聘或培训更多有技术经验的工程师来增强技术方面的处理能力，减少财务信息之间的对接屏障，必要时要重新构建一个信息处理平台，以此来解决数据冗余、信息孤岛的问题。加大"区块链＋财务"这种复合型人才的培训力度，为高校输入复合型技术人才，使其不仅可以熟练应用财务共享服务平台的操作系统，还可以及时解决出现的技术问题。

第四，制定完善的技术开发管理制度。其包括技术质量要求、数据安全规范、信息存储容量、访问权限管理等方面，形成全面的技术管理制度。相应增加技术开发投入，由于区块链技术的不完善性，使其在发展过程中存在算力浪费、

高存储的容量问题等缺陷，为了避免这些缺陷影响到高校财务共享服务平台的应用，必须实时关注其实际应用情况，及时解决出现的问题。建立完善的数据信息查询机制、备份管理及其预警机制，避免由突发状况或人为因素造成数据泄露、丢失、损毁等风险。

　　大数据时代，信息技术和计算机网络技术飞速发展，高校管理水平和服务质量的提升更是迫在眉睫。区块链技术在高校财务共享服务平台上的应用，是高校财务职能从核算型会计向管理型、决策型会计转变的助推器，需要财务人员和技术人员共同努力探索。区块链技术是否能够实现高校财务职能转变，是否能够解决高校财务工作当前面临的困境，更好地为高校师生服务，这些都需在未来通过实践进行检验。

参考文献

[1] 薛桐，郑毅，刘文斌. 组织结构视角下我国高校绩效管理框架研究 [J]. 科研管理，2016（9）：145-151.

[2] 祁占勇. 高校绩效管理的本质特征及其价值取向 [J]. 教育研究，2013（2）：92-96.

[3] 程国方，石贵舟. 绩效管理视域下的高校管理创新研究 [J]. 江苏高教，2012（2）：45-46.

[4] 熊娜，撒晶晶，曾春丽，等. 政府会计改革对高校财务管理的影响 [J]. 会计之友，2018（3）：20-23.

[5] 周岚. 管理会计在高校财务管理中的应用 [J]. 经济师，2018（8）：95-96.

[6] 谢妍. 高校科研经费管理存在的问题及对策探究 [J]. 中国总会计师，2018（3）：104-106.

[7] 郭璐佳. 权责发生制视角下的政府会计制度改革特征与路径分析 [J]. 预算管理与会计，2018（1）：40-43.

[8] 李毅青. 内部控制视角下高校财务管理工作研究 [J]. 财会学习，2017（7）：244.

[9] 王长涛. 试论高校财务内部控制存在的问题及解决对策 [J]. 齐鲁珠坛，2017（5）：58-61.

[10] 李乔. 内部控制视角下高校财务管理优化措施探究 [J]. 行政事业资产与财务，2017（36）：76.

[11] 沈岳. 基于绩效导向的高校财务管理控制 [J]. 现代经济信息，2015（21）：145-146.

[12] 陆咸良. 以绩效为导向的高校财务管理研究 [J]. 财会通讯，2015（5）：81-83.

[13] 蒋倩. 基于绩效导向的高职院校财务管理研究 [J]. 中国乡镇企业会计，2015（9）：96-97.

[14] 孙喜元. 浅谈高校财务管理存在的问题及对策 [J]. 经贸实践，2017（11）：180.

[15] 朱颖颖. 高校财务管理问题及对策分析与探讨 [J]. 全国商情（经济理论研究），2009（15）：80-83.

[16] 张莉莉. 当前时期下高校财务管理存在的问题及对策研究 [J]. 中国集体经济，2016（34）：124-125.

[17] 刘正兵. 基于财务风险管控视角的高校内部控制框架体系构建研究 [J]. 苏州大学学报（哲学社会科学版），2013（2）：120-124.

[18] 王卫星，赵刚. 高校内部控制评价指标体系的构建与应用 [J]. 审计与经济研究，2008（6）：93-97.

[19] 柴伟. 内部控制视角下事业单位固定资产管理的探讨 [J]. 当代会计，2015（2）：43-45.

[20] 夏新根. 科研事业单位加强固定资产管理探析——基于内部控制视角 [J]. 价值工程，2010（34）：132-133.